어린이를 위한
우리 땅, 독도 이야기

★강치가 들려주는 우리 땅, 독도 이야기 개정판입니다.

교과 연계 추천 도서
사회 5학년 2학기 1단원 조선 사회의 새로운 움직임
도덕 3학년 1학기 3단원 사랑이 가득한 우리 집
도덕 4학년 1학기 4단원 둘이 아닌 하나 되기
도덕 6학년 1학기 3단원 갈등을 대화로 풀어가는 생활
도덕 6학년 2학기 5단원 배려하고 봉사하는 우리
도덕 6학년 2학기 8단원 모두가 사랑받는 평화로운 세상

진짜진짜 공부돼요 19

어린이를 위한
우리 땅, 독도 이야기

2020년 7월 31일 개정판 1쇄
2024년 6월 20일 개정판 4쇄

글 신현배   그림 홍정혜
펴낸이 김숙분   디자인 김은혜·김바라   홍보·마케팅 최태수
펴낸 곳 (주)도서출판 가문비   출판등록 제 300-2005-60호
주소 (06732) 서울 서초구 서운로19, 1711호(서초동, 서초월드오피스텔)
전화 02)587-4244/5   팩스 02)587-4246   이메일 gamoonbee21@naver.com
홈페이지 www.gamoonbee.com   블로그 blog.naver.com/gamoonbee21/
제조국 대한민국   사용 연령 8세 이상
주의사항 종이에 베이거나 긁히지 않게 조심하세요.
ISBN 978-89-6902-270-7 73900

ⓒ 2012 신현배

• 책값은 뒤표지에 있습니다.
• 잘못된 책은 구입하신 곳에서 바꾸어 드립니다.
• 이 책의 내용과 그림은 저자와 출판사의 허락 없이 사용할 수 없습니다.

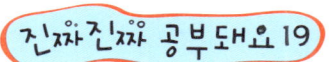

어린이를 위한
우리 땅, 독도 이야기

신현배 글 · 홍정혜 그림

작가의 말

지난여름, 나는 신문을 통해 안타까운 소식을 접했어요. 큰강치·고리무늬물범·흰띠박이물범·주홍길앞잡이 등과 함께 독도 강치에게 환경부의 공식적인 멸종 선언이 내려졌다는 거예요.

2009년에는 독도에서 강치가 발견되었다는 소문이 돌았지요. 그래서 나는 '강치가 다시 고향으로 돌아왔구나.' 하고 기뻐했지요. 하지만 얼마 뒤 신문을 보니 독도 부채바위 근처에서 발견된 것은 강치가 아니라 강치와 비슷하게 생긴 물개였어요. 몸에 상처를 입고 뭍으로 올라와 휴식을 취하는 사진이 실려 있더군요.

그래도 나는 실망하지 않았어요. 1950년대 이후 독도에서 사라진 강치들이 언젠가 반드시 고향으로 돌아오리라 믿고 있었기 때문이죠.

이번에도 마찬가지예요. 비록 독도 강치에게 멸종 선언이 내려졌지만, 나는 강치들이 독도의 가제바위 위에 다시 나타나리라 생각해요. 19세기 말과 20세기 초 일본인들의 잔혹한 강치 살육과, 1950년대 초 미군의 해상 폭격 연습으로 독도에서 강치들이 완전히 자취를 감추었지만, 재난을 피해 러시아 쿠릴 열도로 옮겨가 사는 강치들이 있다고 믿기 때문이죠. 그들이 고향을 잊지 않고 있다면 언젠가 반드시 독도로 돌아오지 않을까요?

그런 소망을 가지고 쓴 책이 바로 『어린이를 위한 우리 땅, 독도 이야기』예요.

이 책에는 쿠릴 열도로 옮겨와 사는 강치 할아버지와 새끼 강치들이 나와요. 강치 할아버지는 고향 땅 독도를 그리워하며 손자 독도와 손자 친구 초롱이에게 울릉도와 독도에 대한 이야기를 들려주지요. 강치 사냥꾼 나카이의 끔찍한 독도 강치 살육전을 비롯하여, 신라 장군 이사부의 우산국 정벌, 여진족의 우산국 침입, 조선의 공도 정책과 안무사 김인우, 울릉도와 독도를 지킨 조선 어부 안용복, 울릉도를 탐사한 검찰사 이규원, 울릉도·독도 개척과 배상삼 이야기, 울릉도와 독도에 망루를 설치하여 러일전쟁을 승리로 이끈 일본, 150여 명이 떼죽음을 당한 미군의 독도 폭격 사건, 홍순칠과 독도 의용 수비대 이야기 등 독도의 역사가 생생하게 펼쳐져요. 또한 강치 할아버지를 따라 독도로 건너간 새끼 강치들이 괭이갈매기 야옹이를 만나 독도의 자연환경과 독도를 지킨 사람들, 그리고 독도가 대한민국 땅이 틀림없다는 사실을 배우게 되지요.

여러분은 독도에 대해 얼마나 알고 있나요? '독도는 우리 땅'이라고 굳게 믿고 있지만, 독도가 왜 우리 땅인지 증거를 가지고 확실히 설명할 수 있나요?

일본은 독도를 자기네 땅이라 우기며 여전히 독도를 노리고 있어요. 2005년에는 '독도는 일본 땅'이라며 '시마네 현 고시 100주년'을 기념한다고 '다케시마의 날'을 선포하더니, 최근에는 일본의 초등학교·중학교 교과서에 독도를 일본 영토로 표기하고 울릉도와 독도 사이에 국경선을 그었어요. 심지어 한국 정부가 독도를 불법 점거하고 있다고 교과서에 억지 주장을 기술하기도 했어요.

이럴 때일수록 우리는 독도에 대해 확실히 알아야 해요. 일본의 침략 야욕에 맞서 아무도 넘보지 못하게 독도를 잘 지켜야 하니까요.

아무쪼록 여러분이 이 책을 재미있게 읽고 우리 땅 독도를 더 사랑하게 되었으면 좋겠어요.

지은이 신현배

차례

제1장 강치 사냥꾼 나카이의 끔찍한 독도 강치 살육전 · 11

제2장 독도는 환상의 섬? · 24

제3장 신라 장군 이사부, 우산국을 정벌하다 · 40

제4장 잊혀진 나라, 우산국 · 53

제5장 조선의 공도 정책과 안무사 김인우 · 63

제6장 울릉도와 독도를 지킨 조선 어부 안용복 · 76

제7장 울릉도를 탐사한 검찰사 이규원 · 88

제8장 울릉도 · 독도 개척과 배상삼 이야기 · 101

제9장 울릉도와 독도에 망루를 설치하여 러일전쟁을 승리로 이끈 일본 · 118

제10장 150여 명이 떼죽음을 당한 미군의 독도 폭격 사건 · 129

제11장 홍순칠과 독도 의용 수비대 · 138

제12장 독도는 어떤 섬인가?_독도의 자연환경 이야기 · 152

제13장 독도를 지킨 사람들 · 167

제14장 독도는 대한민국 땅이다 · 177

제1장

강치 사냥꾼 나카이의 끔찍한 독도 강치 살육전

바다는 새색시처럼 얌전했습니다. 바람 한 점 불지 않고 파도도 잔잔했습니다.

넓고 푸른 바다에는 크고 작은 섬들이 늘어서 있습니다. 이곳은 러시아의 캄차카 반도와 일본의 홋카이도 섬 사이에 있는 쿠릴 열도★입니다. 오호츠크해와 태평양을 가르며 수많은 섬들이 자리 잡고 있지요.

여기에는 바위섬도 있는데, 바위섬에 한가롭게 누워 있는 것은 강치들입니다. 이들은 바위 위에 엎드려 단잠에 취해 있습니다.

그러나 새끼 강치 두 마리는 누워 있기 갑갑한지 풍덩 바다로 뛰어

쿠릴 열도
홋카이도 네무로 반도에서 캄차카 반도 사이에 펼쳐져 있는, 오호츠크해와 북태평양을 가르는 열도를 말한다. 여러 화산섬을 포함한 크고 작은 약 56개의 섬으로 이루어져 있다. 총 길이는 약 1300km이다. 러시아의 사할린 주에 속한다.

강치 (바다사자)

아극지역(亞極地域)이나 추운 온대지역에 걸쳐 북아메리카의 태평양 연안(캘리포니아~알래스카)에서 살고 있다. 물개과에서 가장 큰 동물로 암컷은 몸길이 270cm에 몸무게 350kg에 달하고, 수컷은 350cm에 1,100kg이나 된다. 꼬리는 7.7~17.8cm이다. 어린것은 검은 갈색이지만 자라면 황갈색을 띤다. 주로 물고기를 먹지만 오징어를 특히 좋아한다. 바닷속 110~150m까지 내려가며 때로는 180m까지 잠수하여 먹이를 찾기도 한다. 6월에 10~15마리의 암컷 집단이 형성되며, 1마리의 새끼를 낳는다. 독도 강치는 다른 강치에 비해 몸길이가 길고 황갈빛의 털을 가지고 있었는데 일본이 그 가죽으로 고급 가방이나 군용배낭 등을 만들려고 마구 사냥한 탓에 멸종되고 말았다. 그 당시 독도 강치 한 마리의 값은 황소 열 마리와 맞먹었다고 한다. 현재 강치는 엄격하게 보호를 받고 있다.

들었습니다. 그리고 물속을 힘차게 헤엄쳤습니다. 꼬리를 휘저으며 앞장서 나아가는 것은 새끼 강치 독도였습니다. 독도라는 이름은 할아버지 강치가 지어 준 것입니다.

독도를 뒤따르던 친구 초롱이가 큰 소리로 물었습니다.

"독도야, 아직 멀었니?"

"거의 다 왔어."

"정말 그곳에 오징어가 많이 있니?"

"하하, 그래. 오징어가 어찌나 많은지 물 반 오징어 반이야. 네가 좋아하는 오징어를 배 터지게 먹게 해 줄 테니 조금만 기다려 봐. 오징어 떼가 숨어 있는 곳을 알고 있거든."

독도는 초롱이에게 큰소리를 쳤습니다. 그러고는 오징어 떼를 찾아 바다 밑을 헤엄쳐 갔습니다.

그러나 독도가 초롱이를 데려간 곳에는 오징어가 한 마리도 보이지 않았습니다. 두 새끼 강치가 온다는 것을 미리 알았는지 이미 자취를 감춘 뒤였습니다.

독도는 고개를 갸우뚱하며 중얼거렸습니다.

"이상하네. 오징어들이 다 어디 갔지? 결혼하는 오징어가 있어 잔치를 벌이러 갔나?"

초롱이가 눈을 흘겼습니다.

"뭐, 물 반 오징어 반이라고? 네 말을 믿은 것이 잘못이지. 내가 이럴 줄 알았다니까."

"미안하다. 다음에는 꼭 오징어를 실컷 먹게 해 줄게."

"듣기 싫어. 너를 따라왔다가 공연히 힘만 뺐어."

두 새끼 강치는 쉬지 않고 헤엄을 쳐서 숨이 찼습니다. 그래서 바다 위로 올라가 물 밖으로 머리를 내밀었습니다.

"앗! 할아버지!"

독도는 바위섬에 혼자 앉아 있는 할아버지 강치를 발견하고 반갑게 소리쳤습니다.

"아니, 이 녀석들이……. 여기가 어딘 줄 알고 이렇게 멀리 헤엄쳐 와? 그러다가 상어 떼의 밥이 되면 어쩌려고……."

할아버지는 독도와 초롱이가 바위섬으로 올라오자 야단을 쳤습니다.

그때 초롱이가 입을 열었습니다.

"할아버지, 독도 좀 혼내 주세요. 오징어 떼가 숨어 있는 곳을 안다고 저를 꾀어 이곳에 데려왔어요. 오징어는커녕 꼴뚜기 한 마리 없는데……. 순 거짓말쟁이예요."

독도가 초롱이를 노려보며 씩씩거렸습니다.

"너 치사하게 할아버지한테 고자질할래? 어제까지도 여기에 오징어가 우글거렸어. 절대로 거짓말한 게 아니야."

"흥, 그런 말을 누가 못하니? 자꾸 변명하려고 하지 마."

"이게 정말…….'

그때 할아버지가 끼어들었습니다.

"그만들 해라. 그러다가 싸우겠다. 친한 친구끼리 사이좋게 지내야지. 초롱이가 오징어 떼를 찾지 못해 몹시 서운했던 모양이구나. 독도 근처라면 오징어를 쉽게 찾을 수 있었을 텐데. 그곳은 오징어 천지야."

초롱이가 큰 눈을 더욱 크게 떴습니다.

"예? 독도요? 독도라면 이 녀석 이름이잖아요."

"허허, 그래. 독도는 우리 강치들이 떠나온 고향이란다. 고향을 잊을 수 없어 손자 이름을 '독도'라고 지었지. 독도 근해는 북쪽에서 내려온 찬 바닷물(한류)과 남쪽에서 올라온 따뜻한 바닷물(난류)이 만나는 곳이란다. 그래서 온갖 물고기들이 많이 몰려드는 황금 어장으로 알려져 있지. 우리 강치들이 좋아하는 오징어, 꽁치, 고등어뿐만 아니라 가자미, 도루묵, 전어, 개볼락, 자리돔, 참치방어 등등 여러 물고기들이 있단다. 전복, 해삼, 소라, 다시마, 김 등도 풍부하지."

"우아! 독도에 그렇게 먹을 것이 많아요? 우리 강치들의 천국이네요. 그런데 할아버지, 왜 그 좋은 곳을 떠나 이곳으로 오셨어요?"

독도는 눈을 반짝이며 할아버지에게 물었습니다.

할아버지는 대답 대신 한숨을 길게 내쉬더니 천천히 입을 열었습니다.

"독도는 동해 바다에 떠 있는, 대한민국이라는 나라의 막내 섬이란다. 독도의 정확한 주소는 '대한민국 경상북도 울릉군 울릉읍 독도리 산 1-96번지'이지. 울릉도에서 독도까지는 동남쪽으로 92킬로미터쯤 떨어져 있어. 경상북도 죽변에서 울릉도까지는 직선거리로 131킬로미터쯤 떨어져 있고……. 우리 강치들은 오랜 옛날부터 독도에서 살았단다. 방금 이야기했듯이 독도에는 어족 자원이 풍부하여 우리 강치들에게는 낙원이었지. 수만 마리의 강치가 모여 살아 독도를 '가제도' 혹은 '가지도'라고 불렀다는구나. 어부들은 강치를 '가제'라고도 불렀거든."

독도와 초롱이는 입이 떡 벌어졌습니다.

"독도에 강치가 그렇게 많이 살았어요? 그런데 그 많던 강치는 다 어디로 갔어요? 여기에도 강치가 고작 몇십 마리뿐인데……."

"그렇잖아도 그 이야기를 하려던 참이었다. 놀라지 마라. 일본 어부들이 몰려와서 강치를 마구 잡아 죽였단다. 1904년부터 1913년까지 수만 마리의 강치들이 목숨을 잃었지."

독도와 초롱이는 얼굴이 하얗게 질렸습니다.

"나쁜 사람들이네요. 우리 강치들이 무슨 잘못을 했다고 그렇게 한꺼번에 죽여요?"

"피도 눈물도 없는 사람들이에요. 도대체 우리 강치들을 왜 다 잡아들인 거예요?"

할아버지가 대답했습니다.

"일본 어부들은 가죽을 얻으려고 강치를 죽였단다. 강치를 잡아 가죽을 벗기고 살과 뼈는 바다에 버렸어. 그래서 악취가 진동하고, 바다는 심하게 오염되었지. 이 끔찍한 짓을 벌인 사람은 '나카이 요자부로'라는 수산업자(바다에서 물고기를 잡거나 양식하여 돈을 버는 사람)였단다. 그가 어떤 짓을 저질렀는지 아니?"

할아버지는 잠시 눈을 감았다 뜨더니 이야기를 시작했습니다.

1897년의 어느 날이었어. 일본 시마네 현 오키 섬에 사는 어부들이 울릉도 근해로 고기잡이를 나갔다가 풍랑을 만나 조난을 당했지. 살아남은 어부들은 실종된 어부들을 찾으려고 수색에 나섰단다.

그런데 이들이 울릉도 근처에 있는 한 섬에 갔다가 강치들을 보게 된 거야. 그들은 탄성을 질렀지.

"와아! 강치다! 수만 마리의 강치가 모여 있다!"

일본 어부들은 섬을 하얗게 뒤덮은 강치들을 보고 우선 50~60마리 정도를 잡았어. 그리고 수색을 마친 뒤 오키 섬으로 돌아갔지.

강치를 팔아 돈을 번 그들은 자주 울릉도 근처에 있는 섬으로 강치 사냥을 나갔단다. 그리고 그 섬의 이름이 '가지도'라는 것을 울릉도 사람들에게 들었지.

한편, 오키 섬에 나카이 요자부로라는 수산업자가 있었단다. 그는 1890년부터 여러 나라를 돌아다니며 잠수구를 이용해 해삼, 전복 등을 잡고 있었어. 러시아의 블라디보스토크, 한국의 경상도·전라도 연안, 일본의 지꾸젠·쓰시마·돗도리 현·시마네 현 연안 등을 훑고 다녔지.

어느 날 나카이는 가지도(독도)에서 강치잡이가 한창이라는 소문을 듣고는 귀가 번쩍 뜨였어.

'강치잡이를 하면 큰돈을 벌 수 있을 거야. 강치의 가죽이 구두, 담뱃갑, 종이통, 배낭, 모자의 차양 등을 만드는 데 쓰이잖아. 강치를 잡아 가죽을 벗겨 파는 거야.'

나카이는 잠수구를 이용해 해삼, 전복 등을 잡았지만, 돈을 벌기는커녕 손해를 보고 있었어. 그래서 이 일을 그만두고 다른 일을 해 볼 생각을 하고 있었거든.

나카이는 본격적으로 강치잡이에 뛰어들었어. 그리하여 1903년에는 큰 이익을 볼 수 있었지. 그러자 나카이는 욕심이 생겨 이런 생각을 하게 되었어.

'이번 기회에 가지도의 어업 독점권(수산물의 생산과 그 시장을 지배하고 이익을 독차지할 수 있는 권한)을 따내는 거야. 나 혼자서 강치잡이를 하여 이익을 독차지하는 거지.'

나카이는 가지도, 즉 독도가 한국 땅이라는 것을 알고 있었어. 그래서 대한제국 정부에게 독도의 어업 독점권을 신청하려고 했어. 그런데 그때 일본 해군성 수로국장이 그에게 이런 말을 하는 거야.

"가지도는 주인 없는 땅이오. 그러니 대한제국 정부에게 어업 독점권을 신청하지 말고, 일본 정부에게 그 섬을 일본 땅에 편입시킨 뒤 어업 독점권을 주라고 하시오."

나카이는 수로국장의 말을 듣고 1904년 9월 29일 독도를 일본 땅에 편입하고 어업 독점권을 자기에게 달라는 청원을 일본 정부에 제출했지. 그리하여 일본 정부는 1905년 1월 28일 그 섬을 '죽도(다케시마)'라 하고 시마네 현 오키도사의 소속으로 정한다고 발표했어. 그리고 2월 22일에 시마네 현 지사는 '독도를 오키도사의 소속으로 정한다'고 고시(일반에게 널리 알림)했는데, 이것이 시마네 현 고시 제40호란다.

이리하여 나카이는 자신이 원하던 대로 독도의 어업 독점권을 얻을 수 있었지. 일 년에 임대료 4원 20전을 내기로 하고 말이야.

나카이는 '죽도 어렵 합자 회사'를 세우고 강치를 잡는 일에 본격적으로 나섰어. 그리고 어업 독점권을 얻었다면서 경찰을 동원해 독도 주변에 물고기를 잡으러 오는 사람들을 모조리 쫓아냈지. 나카이는 일장기를 내걸고 무자비하게 강치를 잡아들이기 시작했어. 그는 독도의 어업 독점권 1차 계약 기간인 6년 동안 1만 4천여 마리의 강치를 죽였지.

이들은 수단과 방법을 가리지 않았어. 나카이가 '움직이는 것은 모두 죽인다. 돈이 되는 것은 살려 두면 안 된다.'고 선언했거든. 그래서 암컷은 그물로 잡고, 큰 것은 총으로 마구 쏘아서 잡았으며, 새끼들은 몽둥이로 때려 죽였지. 심지어 임신한 암컷의 배를 갈라 태아를 꺼내기도 했다는구나. 태아에게서도 가죽을 얻으려고 말이야.

이들이 얼마나 무자비하고 끔찍한 만행을 저질렀는지 이제 알겠지?

일본인들이 강치를 포획하는 장면

강치를 잡으면 가죽을 벗기고 살과 뼈는 바다에 버렸어. 1904년 한 해에 강치가 2,750마리나 죽었는데, 그 시체 썩는 냄새가 울릉도까지 진동했다지. 생각만 해도 오싹 소름이 돋는구나.

우리 강치들은 거의 죽었지. 일본이 전쟁에 져서 물러간 1945년에 독도에 남은 강치는 고작해야 몇 백 마리였어.

그런데 그나마 살아 있던 강치들도 1950년 한국전쟁이 일어나자 목숨을 보전할 수 없게 되었단다. 독도가 미군의 해상 폭격 연습장이 되어 수많은 강치들이 폭탄에 맞아 죽어갔거든.

결국 강치들은 목숨을 지키기 위해 독도를 떠날 수밖에 없었어. 우리는 대대로 살아온 고향을 떠나 뿔뿔이 흩어졌단다. 그래서 지금은 독도에 강치가 한 마리도 남아 있지 않게 되었지.

할아버지가 이야기를 마치자 독도가 말했습니다.

"우리 강치들이 왜 이곳 쿠릴 열도에 옮겨와 살고 있는지 이제 알겠어요. 독도에서 일본 사람들에 의해 집단 학살(무리가 참혹하게 죽임을 당함)을 당했고, 미군의 해상 폭격 연습장이 된 독도에서 더 이상 살 수 없어 고향을 떠났군요."

할아버지가 젖은 목소리로 말했습니다.

"그랬단다. 내가 아주 어렸을 때 독도를 떠나왔으니 벌써 60년이 넘었어. 아직도 어린 시절 보았던 독도의 풍경이 눈에 선하구나. 그리고 여기로 옮겨와 살면서 할아버지와 할머니에게 독도에 대한 이야기를 수없이 들었지. 그래서 나는 여전히 독도에 사는 것 같은

느낌이 들었단다. 나는 단 하루도 독도를 잊은 적이 없어."

"할아버지, 저희들에게 독도에 대한 이야기를 들려주세요. 독도가 어떤 섬인지 알고 싶어요."

"그래요. 저도 독도에 대해 배우고 싶어요. 재미있는 이야기를 들려주세요."

할아버지가 웃으며 말했습니다.

"좋아. 너희들이 원한다면 그렇게 하지. 독도는 우리 조상들이 대대로 살아온 삶의 터전이니, 역사 공부를 한다는 생각을 하고 내 이야기를 귀담아들어야 한다."

"알겠어요, 할아버지."

독도와 초롱이는 할아버지 앞에서 환하게 웃었습니다.

이것은 꼭 알아두세요!

1. **독도는 황금 어장이에요. 독도의 자연 조건을 말해 보세요.**
   북쪽에서 내려온 찬 바닷물(한류)과 남쪽에서 올라온 따뜻한 바닷물(난류)이 만나 물고기가 살기 좋기 때문이에요.

2. **독도에서 많이 잡히는 물고기를 알아보아요.**
   오징어, 꽁치, 고등어, 가자미, 도루묵, 전어, 개볼락, 자리돔, 참치방어 등과 전복, 해삼, 소라, 다시마, 김 같은 해산물이 풍부해요.

3. **독도의 정확한 주소를 말해 보세요.**
   대한민국 경상북도 울릉군 울릉읍 독도리 산 1-96번지

4. **독도를 왜 '가제도' 혹은 '가지도'라고 불렀나요?**
   독도엔 강치가 많았어요. 강치를 '가제'라고 불렀기 때문에 그런 이름이 붙은 거예요.

5. **강치들은 왜 독도를 떠나기 시작했나요?**
   일본사람들이 강치를 마구 잡아들였고, 독도가 미군의 해상 폭격 연습장이 되었기 때문이에요.

제2장

독도는 환상의 섬?

"독도에 대해 궁금한 것이 있으면 말해 보아라. 초롱이 눈빛을 보니 뭔가 묻고 싶은 것이 있는지 유난히 초롱초롱하네."

할아버지가 이렇게 말하자 초롱이가 빙그레 웃었습니다.

"헤헤, 들켰네요. 저는요, 독도라는 이름이 어떻게 생겨났는지 궁금해요. 할아버지는 독도에 강치인 가제가 모여 산다고 '가제도', '가지도'라고 불렀다고 하셨잖아요?"

"그랬지. 하지만 독도는 옛날부터 여러 이름으로 불렸단다. 아마 독도만큼 많은 이름을 가졌던 섬도 드물 거야. 너희들, '우산국'이라는 나라에 대해서 들어 봤니?"

할아버지가 묻자 독도가 머리를 긁적였습니다.

"우산국요? 옛날에 그런 나라가 있었나요? 비가 자주 와서 사람들이 우산을 들고 다닌다고 우산국이라 불렸나요?"

"뭐, 뭐라고? 녀석, 엉뚱하기는……. '우산'은 비 올 때 쓰는 '雨傘'이 아니라 '于山'이야. 뭍에서 살던 사람들이 울릉도와 독도에 나라를 세우고 우산국이라고 했지. 독도를 가장 처음 발견한 사람은 신라 장군 이사부였단다. 그 뒤 울릉도는 무릉(武陵), 울릉(蔚陵) 등으로 불렸고 독도는 '우산도(于山島)'로 불리기 시작했어."

"그럼 독도의 처음 이름이 '우산도'였군요?"

"그렇지. 그러다가 조선 시대에는 독도를 '삼봉도(三峰島)'라고도 불렀어. 멀리서 독도를 바라보면 세 개의 봉우리가 보였기 때문이지. 그런데 옛날 사람들은 독도를 환상의 섬이라고 생각했다는구나."

초롱이가 눈을 동그랗게 떴습니다.

"환상의 섬이요? 왜 그렇게 생각했죠?"

"옛날 사람들은 이 섬에 기이한 소리를 지르는 괴물이 산다고 생각했단다. 배를 타고 섬 가까이 가면 하늘을 뒤흔드는 듯 이상한 소리가 울려 퍼졌거든."

"정말 독도에 괴물이 살았나요?"

"하하, 괴물은 무슨……. 그 소리는 우리 강치들이 시끄럽게 떠드

는 소리였어. 한두 마리도 아니고 수만 마리가 한꺼번에 떠들어 댔으니 섬 밖에서는 어떻게 들렸겠니? 괴물이 소리를 지른다고 생각한 거야."

"하하하, 그렇군요. 재미있네요."

"독도를 환상의 섬으로 믿게 된 데는 또 다른 이유가 있어. 멀리서 독도를 바라보면 섬 전체가 하얗게 보였단다. 그것은 까마득한 옛날부터 갈매기를 비롯한 수많은 바다 새들이 똥을 싸 놓았기 때문이지. 똥이 얼마나 많이 쌓여 있었는지 2~3미터 두께가 되었어. 섬 전체가 하얗게 보였으니 얼마나 신비롭고 기괴했겠니? 그래서 그렇게 부른 거야."

독도와 초롱이가 웃음을 터뜨렸습니다.

"헤헤헤, 새똥 때문에 독도가 환상의 섬이 되었네요."

"옛날에는 과학이 발달하지 않아서 사람들이 소문에 약했고 또 미신을 믿었기 때문이기도 하지. 또 다른 이야기도 있단다. 사람들은 환상의 섬에 고양이만한 큰 쥐가 산다고 믿었어. 그리고 그 쥐가 마음대로 넓은 바다를 건너다니다가, 바닷속으로 들어가서 해삼이 된다고 생각했지."

"예? 그게 정말이에요? 사람들은 정말 바보 같네요. 그런 얼토당토않은 생각을 하다니요."

"허허, 그렇지? '환상의 섬'이야기는 이 정도로 하고, 조선 시대엔 독도가 '삼봉도'로 불렸다고 했지? 그런데 그때 사람들은 '삼봉도'를 꿈의 섬으로 생각했대."

"꿈의 섬이요?"

"그렇단다. 그건 사람들이 무거운 세금에 시달리고 있었기 때문이란다. '삼봉도'엔 탐관오리가 없으니 세금을 내지 않아도 되기 때문이지. 조선 성종 임금 때는 이런 소문이 돌았단다. '동해 바다 한가운데 '삼봉도'라는 섬이 있는데 천 명이 넘는 사람들이 육지에서 도망쳐 가서 살고 있다. 땅이 기름지고 살기 좋은 곳이다.' 그러자 나라에서는 그곳 사람들을 벌주겠다고 관리들을 동해 바다로 보냈대. 박완원이라는 사람이 배 네 척에 병사들을 싣고 떠났는데, 풍랑을 만나 되돌아오고 말았지. 무릉도(울릉도)를 발견하긴 했지만 닻을 내리지 못하고 철수했다는구나. 3년 뒤에는 영안도(함경도) 관찰사 이극명의 명으로 김자주라는 사람이 '삼봉도'를 찾아 떠났대. 김자주는 섬을 찾아냈지만 상륙하지 못하고, '삼봉도'를 그림으로 그려왔단다. 그런데 김자주가 왜 '삼봉도'에 상륙하지 못했는지 아니?"

독도와 초롱이는 고개를 갸웃했습니다.

할아버지가 싱긋 웃었습니다.

"김자주 일행이 배를 몰고 섬으로 다가가자, 섬 어귀에 낯선 사람들이 30여 명 늘어서 있었다는 거야. 그런데 이 사람들이 누군지 아니? 바로 우리 강치들이었단다."

"정말요?"

독도와 초롱이는 눈이 휘둥그레졌습니다.

"그래. 김자주 일행은 거리가 멀어 강치들을 자세히 살펴보지 못한 거야. 멀리서 보니 사람처럼 보인 거지. 겁이 나서 도망친 거야."

"그랬군요. 김자주가 그려온 '삼봉도' 그림은 지금의 독도와 비슷했나요?"

"물론이지. 김자주는 멀리서 '삼봉도'를 바라보니 섬 북쪽에 세 봉우리가 보이고, 암석들이 흩어져 있다고 했단다. 그런데 지금의 독도는 동도와 서도, 그리고 삼형제굴바위 등 89개의 작은 바위섬으로 이루어져 있거든. 멀리서 보면 세 봉우리로도 보이지. 그러니 독도를 정확히 보고 온 거야."

"그런데 어째서 꿈의 섬으로 알려진 거죠?"

"탐관오리들에게 시달리다 보니 세금을 내지 않는 이상향을 꿈꾸었던 것이지. 너희들에게 조선 시대 꿈의 섬으로 불린 독도 이야기를 해 주었는데, 그때는 독도를 '간산도(干山島)' 또는 '천산도(千山島)', '자산도(子山島)'라고도 불렀단다. 이런 이름을 얻은 것은 '우산도'를 잘못 표기했기 때문이지. '우산도'의 '우(于)'자가 '간(干)'자,

'천(千)'자, '자(子)'자와 글자 모양이 비슷하잖니. 그래서 '간산도', '천산도', '자산도'라는 이름이 생겨난 거야. 그때 독도는 전설의 섬이었단다. 이왕 이야기를 꺼냈으니 그때 전해졌던 이야기 한 토막을 해 줄게."

할아버지는 이야기를 시작했습니다.

옛날 울릉도에 살던 어부 세 사람이 배를 타고 바다로 나아갔어. 그런데 그날따라 어찌된 영문인지 고기가 한 마리도 잡히지 않는 거야.

"이상하네. 어째서 고기가 잡히지 않지?"

"오늘은 정말 재수 없는 날이네. 빈 그물로 돌아가겠는걸."

"젠장, 이럴 줄 알았으면 오지 않는 건데."

세 사람은 빈 그물을 내려다보며 투덜거렸어.

그런데 그때였어. 한 어부가 하늘을 가리키며 소리쳤어.

"저, 저기 좀 봐! 먹구름이 잔뜩 몰려오네!"

"어디? 세상에, 좋았던 날씨가 갑자기 왜 이러지? 큰일이네."

"폭풍우가 불어 닥치겠어. 이를 어쩌지?"

세 사람은 하늘을 뒤덮은 먹구름을 바라보며 안절부절못했어.

이윽고 바람이 몰아치기 시작했어. 파도가 점점 높아지더니 배를 삼킬 듯이 덤벼들었지.

세 사람은 노 젓기를 포기했어. 그리고 모든 운명을 하늘에 맡겼지. 폭풍우 앞에서 작은 배는 물결치는 대로 흘러 다닐 수밖에 없었어.

세 사람은 죽은 듯이 배 바닥에 엎드려 있었어. 기진맥진해서 이제는 죽었구나 하는 생각밖에 없었지.

그렇게 사흘을 보내자 폭풍우가 겨우 잦아들었어. 거센 바람도 그치고 파도도 잔잔해졌지.

그제야 간신히 정신을 차린 어부들은 몸을 일으켜 주위를 둘러보았어.

"앗, 저것 보게! 섬이야, 섬!"

"정말? 이제 살았다!"

세 사람은 바다 저편에 우뚝 솟은 섬을 보자 얼싸안고 기뻐했어. 그리고 기운을 차려 섬을 향해 노를 저어 나갔지.

하지만 섬에 다다른 어부들의 얼굴엔 실망의 빛이 떠올랐어. 깎아지른 절벽이 그들을 맞이했거든.

"제기랄, 배를 댈 데가 없네. 이를 어쩌지?"

"다른 쪽을 찾아보자고. 어딘가에 배를 댈 데가 있을 거야."

세 사람은 다시 노를 저어 섬의 반대편으로 갔어. 그리하여 간신히 배를 대고 섬에 올랐지.

섬 안에는 안개가 자욱했어. 안개를 헤치고 얼마를 걸어가니 울창한 왕대 숲이 나왔어. 그런데 숲으로 들어서자 안개가 싹 가시더니, 기와집이 모습을 드러내는 거야.

기와집은 대문이 활짝 열려 있었어. 세 사람이 대문으로 들어서니 하얀 옷을 입은 노인이 집 안에 앉아 있는 거야. 노인은 하얀 수염을 쓰다듬으며 어부들을 바라보았어.

"웬 사람들이오?"

노인이 점잖게 묻자 어부들은 이제까지 있었던 일을 자세히 털어놓았어.

"으음, 먼 길에 고생 많았구먼."

"어르신, 저희들은 사흘 동안 아무것도 먹지 못했습니다. 마실 물과 먹을 음식을 좀 주십시오."

어부들은 허기와 갈증에 지쳐 금방이라도 쓰러질 것 같았어. 노인은 어부들을 바라보며 중얼거리듯 말했지.

"마실 물이야 많지만 사람이 먹을 음식이 없으니 어쩌지?"

세 사람은 어리둥절하여 서로 얼굴을 보았어.

'사람이 먹을 음식이 없다고? 그럼 자기는 사람이 아니란 말이야?'

어부들은 이런 생각을 눈빛으로 주고받았지.

그때 노인이 천천히 일어서 나가더니 사과처럼 빨간 과일 몇 개를

가져왔어.

"다른 것은 없고 이것이라도 들어 보시오."

"감사합니다."

어부들은 노인이 내미는 과일을 받아 눈 깜짝할 사이에 먹어 치웠어. 하도 급히 먹어서 무슨 맛인지 알 수도 없었지.

"어르신, 간에 기별이 안 가는데요. 한 개씩만 더 주십시오."

어부들이 사정하자 노인은 어이없다는 표정을 지었어.

"이 사람들 보게. 그건 한 개만 먹어도 일 년은 살 수 있다네."

노인의 말에 세 사람은 허기가 싹 가셨어. 그래서 더 이상 과일을 청하지 않았지.

어부들은 노인의 집에서 그날 밤을 묵었어. 그리고 다음날 아침, 노인 앞으로 나아가 작별 인사를 했지.

"어르신, 그만 가 보겠습니다. 대접을 잘해 주셔서 고맙습니다."

"길도 모르는데 찾아갈 수 있겠소? 내가 길을 안내하지요."

노인은 어부들의 배에 함께 올랐어. 어부들은 노인이 일러 주는 길로 배를 몰았지.

잠시 뒤 노인이 소맷자락에서 과일 세 개를 꺼내며 말했어.

"어제 당신들이 먹던 과일이요. 집에 돌아가면 햇빛 없는 곳에 잘 간수해 두었다가, 석 달 열흘 뒤에 꺼내 드시오. 여기까지 왔으니 이젠 길을 찾아갈 수 있겠지?"

말을 마친 노인은 온데간데없이 사라져 버렸어. 세 사람은 어안이 벙벙하여 서로 멍하니 얼굴만 보았지.

어부들은 무사히 울릉도로 돌아왔어. 가족들과 마을 사람들은 이들이 나타나자 기뻐서 어쩔 줄 몰라 했어. 풍랑을 만나 죽은 줄 알았는데, 건강한 모습으로 돌아왔으니 얼마나 좋았겠어.

이 섬을 사람들은 '간산도'라고 불렀어. 어부들로부터 이야기를 듣고 이 신비의 섬을 찾아 나섰지만, 사람들은 끝내 찾지 못한 채 되돌아왔다는구나.

"할아버지, 넘넘 재밌어요."

독도와 초롱이는 침을 꼴깍 삼키며 말했습니다.

"그럼 이번에는 독도라는 이름이 어떻게 생겨났는지 알아볼까? 독도라는 이름은 1906년 울릉 군수 심흥택이 처음 사용했단다. 심흥택은 중앙에 올린 보고서에 '본군 소속 독도'라고 했거든. 그런데 그로부터 6년 전인 1900년 10월 25일 《관보》에 울릉군수의 관할 구역을 알릴 때 독도를 '석드(石島)'라고 명기했단다. '석도'는 돌섬이라는 뜻이지. 특히 경상도와 전라도에서는 사투리로 돌을 '독'이라고 했는데, 그 한자음을 따서 한자로 독도(獨島)라고 부르게 되었다는 거야."

독도가 감탄을 했습니다.

"아, 그렇군요. 내 이름에 그런 깊은 뜻이 숨어 있다니!"

"독도라는 이름의 유래가 한 가지 더 있단다. 독도는 한자로 '獨島', 즉 '외로운 섬'이라는 뜻이잖니. 이 섬이 동해에 혼자 외롭게 서 있다고 독도로 부르게 되었다는 설도 있단다."

독도가 너스레를 떨었습니다.

"그거 말 되네요. 제가 좀 외로움을 타거든요. 이름이 독도라서 그런가 봐요."

"이름 때문이 아니라 네가 사춘기라서 그럴걸?"

할아버지가 웃으며 말했습니다.

"알겠어요, 할아버지. 그건 그렇고 계속 말씀해 주세요."

"오냐. 독도는 서양 이름도 갖고 있단다. 서양에서는 섬을 발견한 배의 이름을 따서 그 섬의 이름을 붙였단다. 19세기에 들어와서 서양 배들이 동해에 나타나 독도를 발견하고는, 저마다 자기 식으로 이름을 붙였어. 1849년 프랑스의 포경선 리앙쿠르호는 독도를 발견하고 '리앙쿠르', 1855년 영국의 군함 호넷 호는 '호넷'이라고 불렀지."

독도가 키득키득 웃었습니다.

"저도 이번 기회에 서양 이름을 지을까요? 할아버지, 제 이름을 '에드워드 독'이라고 하는 게 어때요?"

그 말을 듣더니 초롱이가 말했습니다.

"'에드워드 독'보다는 '코브라 독'이 더 낫겠지."

"야, 초롱이! 너 내 이름 가지고 장난칠래?"

"네가 또 엉뚱한 소리를 하니까 그렇지. 제발 나처럼 진지해져 봐라. 할아버지께 질문도 던져 보고……. 할아버지, 일본에서는 독도를 뭐라고 부르죠? 아까 강치 사냥꾼 나카이 이야기를 하실 때 독도를 '죽도(다케시다)'라 한다고 말씀하신 것 같은데요."

"오, 좋은 질문을 했다. 일본에서는 옛날부터 울릉도를 '죽도(竹島:다케시마)', 독도를 '송도(松島:마쓰시마)'라고 불렀단다. 그러다가 메이지 유신★ 이후 일본 사람들이 두 섬에 발을 들여놓고는 거꾸로 울릉도를 '송도', 독도를 '죽도'라고 부르기 시작했지."

"할아버지, 일본 사람들은 독도를 자기네 나라 땅이라고 우긴다면서요?"

"그렇지. 그 이야기는 나중에 자세히 들려주마. …… 어, 날이 어두워져 가네. 벌써 이렇게 시간이 많이 지났나? 그만 집으로 돌아가야겠다."

> **메이지 유신**
> 1868년 메이지 국왕은 700년 동안 계속 되어 온 사무라이 정치에 종지부를 찍고 마침내 수도를 교토에서 토쿄로 옮긴다. 이로써 일본은 토지와 조세 제도를 개혁하고 서양 문물을 도입하는 등 근대적 통일 국가의 면모를 갖추게 된다.

"저희들도 이야기를 듣느라 시간 가는 줄 몰랐어요. 할아버지, 내일은 또 어떤 이야기를 들려주실 거예요?"

"독도라는 이름의 유래를 알았으니 이제부터는 독도의 역사를 배우도록 하자. 내일은 울릉도와 독도에 세워진 나라 우산국과, 우산국을 정벌한 신라 장군 이사부에 대한 이야기를 들려주지."

독도와 초롱이는 환호성을 질렀습니다.

"야호, 신난다! 벌써 내일이 기다려지네요."

"오늘 밤이 빨리 지나갔으면 좋겠어요."

이것은 꼭 알아두세요!

1. 독도 강치의 다른 이름은 무엇인가요?
   가제

2. 독도를 가장 먼저 발견한 사람은 누구인가요?
   신라 장군 이사부

3. 조선 시대 사람들은 독도를 어떻게 불렀나요?
   삼봉도

4. 조선 시대 사람들은 왜 독도에 가서 살고 싶어 했나요?
   세금을 피하려고

5. 독도가 흰 섬으로 보였던 까닭은?
   2~3 미터 두께로 쌓였던 새똥 때문

6. '독도'라는 이름을 처음 사용했던 사람은?
   1906년 울릉 군수였던 심흥택이 중앙에 올렸던 보고서에서 사용

제3장
신라 장군 이사부, 우산국을 정벌하다

　수평선 너머에 머리를 내민 해가 천천히 얼굴을 드러냈습니다. 아침이 되면 바위섬은 늘 시끌벅적합니다. 강치들이 물속을 드나들며 물고기 사냥을 하거나, 바위 위를 기어 다니며 저희들끼리 시끄럽게 떠들어 대기 때문입니다.

　독도는 아빠가 잡아다 준 고등어 한 마리를 맛있게 먹어 치웠습니다. 그러고는 초롱이에게 달려가서 말했습니다.

　"초롱아, 아침 먹었니? 빨리 할아버지한테 가자. 할아버지가 우산국과 신라 장군 이사부에 대한 이야기를 해 준다고 하셨잖아."

　초롱이는 바위 위에 엎드려 있다가 얼른 몸을 일으키며 말했습니다.

"참, 그렇지. 빨리 가 보자."

독도와 초롱이는 바위섬을 돌아다니며 할아버지를 찾았습니다. 할아버지는 강치 무리에서 떨어져 큰 바위 위에 혼자 앉아 있었습니다.

"할아버지!"

독도와 초롱이는 반갑게 소리치며 할아버지에게 달려갔습니다. 할아버지가 인자한 미소를 띠며 말했습니다.

"녀석들, 부지런하기는……. 이야기를 듣고 싶어 아침부터 나를 찾아다녔구나."

"예, 할아버지. 오늘 우산국과 신라 장군 이사부에 대한 이야기를 해 준다고 하셨잖아요."

"빨리 들려주세요. 사실 전 새벽에 깨어났어요. 그때 달려오려다가 꾹 참았어요."

"못 말리는 녀석들, 옛날이야기가 그렇게 좋니? 옛말에 '옛날이야기를 좋아하면 가난해진다'고 했는데……."

"저는 그렇게 생각하지 않아요. 옛날이야기를 좋아하면 부자가 될 것 같아요. 들은 것이 많으면 마음의 부자가 되잖아요."

할아버지는 초롱이의 말을 듣고 껄껄 웃었습니다.

"하하, 제법이구나. 좋아, 이야기를 해 주마. 질문은 나중에 받기로 하고……."

"할아버지, 고맙습니다!"

삼국 시대에 울릉도와 독도에 우산국이라는 작은 나라가 있었어. 우산국을 다스리는 사람은 우해왕이었지. 우해왕은 덩치가 크고 힘이 좋아 천하장사로 소문났어. 용맹스러워 바다를 육지처럼 주름잡았지.

그런데 우산국에 골칫거리가 생겼어. 틈만 나면 왜구들이 우산국에 들이닥쳐 노략질을 하는 거야. 왜구들은 사람들을 죽이고 재물을 빼앗아갔지.

'고얀 것들. 다시는 우리나라를 넘보지 못하게 버릇을 고쳐 놓아야겠다.'

우해왕은 이렇게 결심하고 마침내 병사들을 거느리고 대마도*로 쳐들어갔어. 대마도는 왜구들의 소굴이었거든. 대마도의 우두머리는 우해왕에게 항복하며 이렇게 사정했어.

"앞으로는 절대로 우산국을 침범하지 않겠습니다."

대마도의 우두머리는 우해왕에게 자신의 셋째 딸인 풍미녀를 바쳤어. 풍미녀는 얼굴이 예쁜 처녀였지. 우해왕은 풍미녀를 우산국으로 데려와 왕비로 삼았단다.

대마도(對馬島)
한반도 남단과 규슈 사이의 대한해협 중간에 있는 일본의 섬. 나가사키 현 쓰시마 시에 속해 있다.

우해왕은 풍미녀와 함께 살게 되면서부터 나랏일을 제대로 돌보지 않았어. 늘 왕비 곁을 떠나지 않으면서 비위를 맞추느라 정신이 없었지. 우해왕은 왕비가 원하는 것은 무엇이든 구해다 주었어.

"이 나라에는 제가 원하는 물건이 없어요. 저는 신라의 금귀고리와 금목걸이를 갖고 싶어요."

"알겠소. 내가 구해다 줄 테니 며칠만 기다려 주시오."

우해왕은 병사들을 불러 신라에 가서 재물을 약탈해 오라고 명령했어. 충성스러운 병사들은 바다를 건너 신라로 가서 재물을 노략질해 왔지.

왕비의 사치는 날이 갈수록 더해 갔어. 그래서 우산국의 병사들이 신라에 재물을 약탈하러 가는 일이 잦아졌지.

피해를 입은 신라 백성들은 견디다 못해 왕에게 호소했어.

"우산국 사람들의 노략질 때문에 살 수가 없습니다. 제발 우산국을 토벌해 주십시오."

당시 신라의 왕은 제22대 지증왕이었어. 왕은 아슬라주(강릉) 군주 이사부 장군을 불러 이런 명령을 내렸단다.

"우리 백성들이 우산국 사람들의 노략질 때문에 큰 고통을 겪고 있소. 다시는 이런 짓을 하지 못하도록 우산국을 무찔러 주시오."

"분부대로 하겠습니다."

이사부 장군은 아슬라주로 돌아와 배를 만들고 병사들을 훈련시켰어. 우산국은 배를 타고 동쪽 바다로 한참 나가야 만날 수 있는 섬나라잖아.

전쟁 준비를 마치자 이사부 장군은 마침내 여러 척의 배를 거느리고 우산국으로 쳐들어갔어. 이때가 신라 지증왕 13년인 서기 512년이란다.

"큰일 났습니다! 신라군이 쳐들어옵니다!"

우해왕은 병사의 보고를 받고 궁전에서 바다를 내려다보았어. 우산국 앞바다에 신라군의 배가 늘어서 있었지.

우해왕은 가소롭다는 듯 입술을 비틀며 웃었어.

"아무리 용맹스러운 신라군일지라도 바다에서는 우리를 당할 수가 없다. 더욱이 이들은 이틀 동안 바다를 건너오느라 뱃멀미에 시달려 싸울 힘이 없을 것이다. 어서 병사들을 모아 배를 띄워라. 승리는 우리의 것이다."

우산국 병사들은 바다에 배를 띄워 신라군과 맞서 싸웠어. 신라군은 육지에서는 강했지만 바다에서는 너무 약했어. 우산국 병사들은 어려서부터 바다를 제집 마당처럼 여기며 살아왔잖아. 그러니 신라군이 우산국 병사들을 당할 수가 없었지. 이들은 섬에 상륙하지도 못한 채 달아났단다.

　왕에게 불려 간 이사부 장군은 왕 앞에서 얼굴을 들지 못했어. 자그마한 섬나라 군대에게 무참하게 깨졌으니 어떤 벌이라도 달게 받아야 할 처지였지.
　그러나 왕은 부드러운 목소리로 이사부 장군에게 말했어.

"이번 전투를 교훈 삼아, 우산국과는 정면 대결을 피하고 계략으로 맞서도록 하시오. 해군이 강한 우산국이 죽자 사자 덤벼들면 우리가 무슨 수로 그들을 꺾겠소?"

"명심하겠습니다."

이사부 장군은 어떻게 하면 우산국을 무찌를지 머리를 싸매고 궁리했어. 하지만 계략이 떠오르지 않았지.

이사부 장군은 생각다 못해 부하 병사들에게 도움을 청했어. 그러자 한 병사가 이사부 장군에게 이렇게 말했단다.

"우산국 병사들은 사납고 거칠어 힘으로 굴복시키기 어렵습니다. 하지만 평생 섬에 살아 세상 소식에 어두우니 이런 방법을 쓰는 것이 어떻겠습니까?"

이사부 장군은 병사가 알려 주는 방법을 전해 듣고 무릎을 쳤어.

"옳지, 좋은 생각이다. 그 방법을 쓴다면 우산국 병사들을 쉽게 굴복시킬 수 있겠구나."

이사부 장군은 배를 만들고 병사들을 다시 훈련시켰어. 그리고 계략에 따라 우산국을 물리칠 준비를 했지.

다음 해, 이사부 장군은 군대를 거느리고 우산국으로 쳐들어갔어.

그리고 우해왕에게 사신을 보내 이런 말을 전했지.

"우해왕은 듣거라! 당장 항복하라! 다시는 우리 신라를 침범해 노략질하지 않을 것이며, 또한 조공을 바치겠다고 약속하라. 우리에게 항복하고 충성을 맹세한다면 너희들을 신라의 백성으로 받아들일 것이다. 그러나 항복하지 않고 우리에게 맞선다면 우산국을 불바다로 만들어 버리겠다."

우해왕은 화가 나 사신이 전하는 말을 끝까지 듣고 있을 수 없었어.

"우리에게 묵사발이 된 주제에 우리를 협박해? 용서할 수 없다!"

우해왕은 그 자리에서 사신을 목 베어 죽이고는 큰 소리로 외쳤어.

"병사들은 들어라! 지난번에 우리에게 패한 신라군이 정신을 못 차리고 또 쳐들어왔다. 이번에는 달아나지 못하게 모두 물귀신을 만들어 버리자!"

"와아! 신라군을 무찌르자!"

우산국 병사들은 함성을 지르며 바닷가로 나갔어. 그리고 신라군 배들을 향해 화살을 쏘아 댔지.

신라군이 몰고 온 배들의 뱃머리엔 무언가 실려 있었어. 그런데 모두 보자기로 덮여 있었단다. 이사부 장군이 큰 소리로 외쳤어.

"우해왕은 들거라! 당장 항복하라! 내 말을 듣지 않으면 이 사자들을 풀어 놓겠다!"

이사부 장군은 병사들에게 보자기를 벗기라는 신호를 보냈어. 뱃머리에는 나무 사자가 실려 있었단다.

나무 사자들은 입을 쩍 벌리고 있었어. 그런데 입속에 유황을 채워 놓아, 병사들이 불을 붙이자 불이 험악하게 뿜어져 나왔어.

우산국 병사들은 그 광경을 보고 기절할 듯이 놀랐지.

"으악! 입에서 불을 뿜어낸다!"

"우리 섬이 불바다가 되겠다!"

우산국 병사들은 공포에 질려 앞 다투어 달아났어. 그리하여 우해왕은 어쩔 수 없이 이사부 장군에게 항복했지.

우해왕은 항복한다는 뜻으로 이사부 장군 앞에서 투구를 벗어 던졌는데, 그 자리에 봉우리가 솟아났다는구나. 이 봉우리가 바로 '투구봉'이지.

사자바위

이사부 장군은 우산국을 정벌한 기념으로 나무 사자 한 마리를 바닷가에 세워 놓았어. 이 나무 사자가 변하여 지금의 울릉도 남양 포구에 있는 사자바위★가 되었단다.

"할아버지, 우산국 우해왕은 신라군의 계략에 속아 결국 항복을 했군요."

"난생 처음 보는 사자라는 동물이 입에서 불을 뿜어냈으니 우산국 병사들이 얼마나 놀랐겠어요? 공포에 질려 항복할 수밖에 없었겠지요."

할아버지가 이야기를 끝내자 독도와 초롱이가 한 마디씩 했습니다.

"너희들도 나와 생각이 같구나. 신라군이 나무 사자를 이용해, 적의 눈을 속이는 전술이 참 놀랍지? 내물왕 때도 신라군은 왜적에 맞서 싸울 때 허수아비를 수천 개 만들어 사람 옷을 입히고 무기를 들게 해 병사로 위장하는 전술을 쓴 적이 있었단다."

"할아버지, 그래도 저는 작은 섬나라 우산국의 우해왕이 병사들을 거느리고 대마도로 쳐들어간 것이 놀라워요. 우산국은 작은 섬나라인데다 대마도까지 가까운 거리도 아니잖아요. 어떻게 갈 수 있었을까요?"

초롱이가 이렇게 묻자 할아버지가 대답했습니다.

"우산국에서 대마도까지는 339킬로미터쯤 된단다. 이 먼 뱃길을 병사들을 거느린 채 항해할 수 있었다는 것은, 그만큼 항해술이 뛰어나고 좋은 배를 갖고 있었기 때문이지. 거친 바다를 준비 없이 나섰다가는, 풍랑을 만나 전투를 하기도 전에 바다에 빠져 죽을 수도 있었을 텐데 말이다."

"정말 그래요. 우산국이 원정을 떠나 왜구들의 소굴인 대마도를 평정했다고 하니, 당시 바다를 주름잡던 강한 나라였음이 틀림없어요."

"어쨌든 우산국 우해왕이 대마도를 평정하고, 신라 장군 이사부가 우산국을 정벌한 이후에는 왜구들의 침입이 거의 사라졌다는구나. 그것은 우산국이나 신라가 동해 바다를 장악하고 있었기 때문이겠지."

"할아버지 이야기 정말 재미있어요. 우산국 우해왕이나 신라 장군 이사부처럼 바다를 두려워하지 않는 용감한 사람들이 있었기에, 그 뒤에 해상왕 장보고 같은 인물도 나온 거 같아요."

"허허, 그렇지. 그런 거야."

이것은 꼭 알아두세요!

1. 옛날 울릉도와 독도에 있었던 나라 이름은 무엇인가요?
   우산국

2. 우산국을 다스리고 있었던 왕은 누구인가요?
   우해왕

3. 우산국은 무엇 때문에 골치를 앓고 있었나요?
   왜구들의 노략질 때문

4. 왜구를 소탕하려고 우해왕은 어떻게 했나요?
   대마도를 정벌함

5. 우해왕은 왜 병사들에게 신라에 가서 재물을 약탈해 오라고 시켰나요?
   대마도 우두머리의 셋째 딸을 왕비로 삼았는데 그녀가 자꾸 금귀고리, 금목걸이 등 사치품을 원해서

6. 신라 장군 이사부가 우산국을 점령하면서 발견한 섬은?
   독도(우산도)

제4장
잊혀진 나라, 우산국

"우산국은 신라 장군 이사부한테 점령당한 후 사라졌나요?"

독도가 갑자기 생각난 듯 할아버지에게 물었습니다.

할아버지는 고개를 가로저었습니다.

"그렇지 않단다. 우산국 사람들은 항복은 했지만, 신라에 조공(왕조 때, 속국이 종주국(패권을 잡은 나라)에게 때마다 예물을 바치는 일)을 바치면서 독립적으로 살았어. 우산국이 신라 영토로 편입되기는 했어도 신라의 직접적인 간섭을 받지는 않았지. 그래서 오랜 세월 동안 별 탈 없이 나라가 유지될 수 있었단다."

"할아버지, 궁금한 게 있어요."

이번에는 초롱이가 입을 열었습니다.

"우산국이 신라에 조공을 바쳤다면 신라의 문화도 받아들였겠네요?"

그 말을 듣고 할아버지는 놀라는 표정을 지었습니다.

"초롱아, 어떻게 그런 생각을 했니? 네 생각이 맞다. 우산국은 신라의 문화를 적극적으로 받아들였어. 그래서 우산국의 문화가 더욱 발전했지. 우산국의 역사를 연구한 학자들은 우산국이 신라에 항복한 이후 자기네 문화를 더욱 화려하게 꽃피웠다고 입을 모아 말하고 있단다. 그 증거가 될 만한 것이 울릉도에 남아 있는 유적과 유물들이야. 울릉도에는 수백 개의 옛 무덤들이 있는데, 신라 양식의 무덤들이란다. 그리고 무덤에서 나온 토기와 금속 유물들도 통일 신라 시대의 것이어서, 우산국이 신라로부터 문화적 혜택을 많이 받았음을 알 수 있지."

"그렇군요. 그럼 신라가 망한 후 우산국은 어떻게 되나요?"

"9세기 말부터 신라는 멸망의 길에 들어섰고 한반도에는 후삼국 시대가 시작되지. 그런데 930년(고려 태조 13년)에는 후삼국 가운데 고려가 주도권을 잡게 된단다. 이 무렵 고려는 견훤의 후백제군을 경상도 안동에서 크게 무찌르고, 강릉에서 울산에 이르는 신라의 110여 개 성을 점령하며 동해안 일대를 지배하게 되지. 이때 우산국은 고려 태조 왕건에게 사신을 보내어 토산물(土産物 그 지방에서

특유하게 나는 물건)을 바쳤지. 930년 『고려사』(조선 세종 때, 정인지 등이 편찬한 고려의 역사 전 139권 100책)에는 '우릉도(울릉도)에서 백길(白吉)과 토두(土豆)를 보내 방물(方物 지난날, 감사나 수령이 임금에게 바치던 그 고장의 산물)을 바쳤다. 이에 백길을 정위(正位)로, 토두를 정조(正朝)로 삼았다.'는 기록이 나온단다. 그런데 눈여겨봐야 할 점은

이 기록이 418년 만에 나온 기록이라는 거야."

독도와 초롱이는 눈이 휘둥그레졌습니다.

"그게 정말이에요? 신라 장군 이사부가 우산국을 정벌한 이후 418년 동안 역사책에 우산국이 등장하지 않았다고요?"

"어떻게 그런 일이 있을 수 있지요?"

"우산국이 신라와 조공 관계를 맺고 평화롭게 지내 왔기 때문이지. 우산국이 신라에서 멀리 떨어져 있는 섬나라이니 사사건건 간섭할 수도 없잖아. 신라가 직접 다스리는 것도 아니니 역사에 기록할 만한 일이 거의 없었을 거야."

"후삼국 시대에 신라의 지배를 받던 우산국이 고려에게 토산물을 바친 까닭은 무엇일까요?"

"고려가 주도권을 잡아 동해안 일대를 지배하게 되었으니, 우산국도 살아남기 위해 고려와 조공 관계를 맺은 것이지. 멀리 떨어진 섬나라이긴 하지만, 본토의 정세를 손바닥처럼 들여다보고 있기에 가능한 일이겠지."

"그 뒤에도 우산국은 계속해서 고려에 조공을 바쳤나요?"

"응, 그래. 1032년(덕종 원년) 『고려사』에는 '우릉 성주가 자기의 아들 부어잉다랑을 보내어 토산물을 바쳤다.'는 기록이 있단다. 이것만 보더라도 우산국이 고려에 조공을 바쳐 왔음을 알 수 있지."

"우릉(울릉) 성주라니요? 어째서 우산국이라는 이름 대신 우릉 성주가 등장하죠?"

초롱이는 할아버지의 이야기를 귀담아듣다가 재빨리 물었습니다. 할아버지가 웃으며 말했습니다.

"초롱이다운 질문이로구나. 아주 날카로워. 독도가 초롱이에게 이런 점을 배웠으면 얼마나 좋을까."

그 말을 듣고 독도가 볼멘소리로 투덜거렸습니다.

"할아버지도 참……. 이 녀석 얘기는 제 앞에서 하지 마세요. 얼마나 잘난 체를 하는데요. 나서기를 좋아하고요."

"흥, 너에 비하면 난 아무것도 아니야. 넌 왕자병 환자잖아."

"뭐, 뭐야? 말 다 했어?"

독도와 초롱이가 서로 으르렁거리자 할아버지가 말했습니다.

"아서라. 자꾸 싸우면 이야기 안 해 준다."

"죄송해요. 안 싸울 테니 이야기를 계속해 주세요."

"부탁해요, 할아버지. 티격태격해도 우리가 둘도 없는 친구라는 걸 잘 아시잖아요."

"녀석들도 참……, 알았다. 이야기를 계속하마. 우산국 왕을 우릉(울릉) 성주라고 한 것은 우산국이 망했기 때문이지. 이제 우산국에 왕은 사라지고 지방 성주만 남아 있게 된 거야."

독도가 깜짝 놀라 소리쳤습니다.

"우산국이 망했다고요! 언제 누구한테요?"

초롱이도 흥분된 목소리로 물었습니다.

"그럼 우산국이 누군가의 침입을 받았나요? 고려는 아닐 테고, 중국 오랑캐가 쳐들어 왔나요?"

할아버지가 대답했습니다.

"옳지, 정확히 말했다. 중국 오랑캐, 그중에서도 동북여진족이 우산국으로 쳐들어온 거야. 여진족은 고대에 '말갈족'으로 불리었는데, 고구려 유민들과 함께 발해를 세운 민족이지. 만주 지역을 근거지로 하여 나중에 금나라와 청나라를 세워 중국을 통일한단다. 동북여진족은 만주와 두만강 유역을 무대로 활동했는데, 동해 바다를 건너 우산국을 침입했지. 이들은 1018년(현종 9년) 50여 척의 배에 3천여 명을 태우고 울릉도를 습격하여 살인과 약탈, 방화를 일삼았지. 이들의 공격으로 섬은 폐허가 되었고 많은 사람들이 여진족에게 잡혀갔어. 살아남은 사람들은 배를 타고 한반도 동해안 쪽으로 도망쳐 나왔단다."

초롱이가 혀를 끌끌 찼습니다.

"쯧쯧, 그런 끔찍한 일이 있었군요. 여진족은 왜 우산국을 공격했죠? 우산국은 인구도 적은 작은 섬나라에 불과한데……."

"다 이유가 있었지. 여진족은 처음부터 일본을 노리고 있었어. 대마도를 비롯하여 그 근처 섬들과 큐슈 지방까지 약탈할 생각이었지. 그래서 드넓은 동해 바다를 건널 때 우산국을 징검다리 삼아

일본으로 쳐들어갔어. 즉, 먼저 우산국을 공격해서 얼마 동안 울릉도에 눌러앉아 있은 뒤, 이듬해인 1019년 3, 4월에 대마도와 그 근처의 이키 섬은 물론, 큐슈 지방까지 휩쓸었어. 여진족의 침입으로 섬 전체가 공포 분위기에 휩싸였지. 이들은 닥치는 대로 사람들을 죽이고 노략질을 했거든. 이때 여진족에게 포로로 잡혀간 사람이 무려 1300여 명이 된다는구나."

"엄청났군요. 여진족을 피해 한반도 동해안 쪽으로 도망쳐온 우산국 사람들은 어디로 피난을 갔어요?"

"울진·삼척·강릉·양양 등 강원도 연안 지역과 영덕·영해·평해 등 경상도 연안 지역으로 피난을 갔지. 그 뒤 고려 정부는 피난민들 가운데 일부를 섬으로 돌려보내고 농기구와 위문품을 보냈단다. 하지만 여진족의 침입으로 우산국은 쉽게 회복되지 않았어. 땅은 황폐해지고 집터만 남아 폐허가 되었지. 세월이 흐를수록 사람이 살 수 없는 빈 섬으로 변해 우산국은 이제 완전히 망해 역사의 무대에서 사라져 버렸어."

"그럼 고려 정부는 우산국의 땅인 울릉도와 독도를 빈 섬으로 버려두었나요?"

"그건 아니야. 고려 정부에서는 섬을 되살려 보려고 관리들을 계속 보냈지. 1157년(의종 11년)에는 명주도 감창사 김유립을 울릉도로 보냈어. 육지 사람들을 섬으로 이주시킬 계획으로 말이야. 그런데 김유립은 섬을 둘러보고 와서 '섬에 암석이 많아 사람들이 살기에 적합하지 않습니다.'라고 보고했지. 1243년(고종 30년)에는 무신 정권의 실력자 최이가 사람을 시켜 울릉도를 답사한 뒤 동쪽 지방 사람들을 이주시켰어. 그런데 풍랑이 심하여 수많은 사람들이 바다에 빠져 죽어 할 수 없이 철수했다는구나."

초롱이가 말했습니다.

"어쨌든 고려 시대에 와서 동북여진족의 침입으로 우산국이 망하여 잊혀진 나라가 되었군요. 섬도 폐허가 되어 거의 버려진 땅이 되었고요. 할아버지, 이어서 조선 시대 독도와 울릉도에 대한 이야기를 들려주세요."

"오냐. 독도의 역사를 배우기로 했으니 그다음 이야기로 넘어가 볼까?"

이것은 꼭 알아두세요!

1. 신라 장군 이사부에게 점령당한 우산국은 신라와 어떤 관계를 맺게 되나요?

    신라의 영토에 편입되었다.

2. 신라의 영토에 편입되었지만 우산국이 418년 동안이나 역사책에 등장하지 않은 이유는 무엇일까요?

    신라는 우산국이 본토와 멀리 떨어져 있어 간섭하기 어려웠기에 조공만 받고 평화롭게 살도록 두었다.

3. 우산국이 신라로부터 문화적 혜택을 받았다는 것을 무엇으로 알 수 있나?

    울릉도에 남아 있는 유적과 유물들이 신라 양식을 담고 있다.

4. 우산국이 고려에도 조공을 바친 것을 보고 우리가 짐작할 수 있는 것은?

    여전히 본토의 지배를 받고 있었다는 것을 알 수 있다.

5. 여진족은 왜 작은 섬에 불과한 우산국을 점령한 것인가요?

    일본을 쳐들어가기 위한 길목으로 삼은 것이다.

제5장
조선의 공도 정책과 안무사* 김인우

"조선 시대에 와서도 울릉도와 독도는 조선 정부에 의해 계속 관리되었어. 수시로 관리들을 보내 섬을 살펴보게 했지. 고려 정부는 여진족의 침입으로 섬이 황폐해지자 육지 사람들을 섬으로 이주시키려고 애를 썼다고 말했지? 그런데 조선 정부는 달랐단다. 오히려 사람들을 나오게 해 섬을 비워두는 정책을 폈거든. 이것을 공도 정책이라고 해."

초롱이가 눈을 동그랗게 떴습니다.

"그래도 울릉도는 해산물이 풍부해서 살기 좋은 곳인데, 왜 사람들을 육지로 나오게 했죠? 이해할 수 없는데요."

> **안무사**
> 조선 때, 변란이나 재난이 발생한 지방에 파견되어 안무하던 임시직. 백성을 보살피어 그들이 나라의 시책에 기꺼이 따를 수 있도록 힘썼다.

독도가 맞장구를 쳤습니다.

"저도 이해할 수 없어요. 사람들을 불러들여 섬을 더욱 살기 좋은 곳으로 가꾸지는 못할망정 사람들을 섬 밖으로 쫓아내다니요."

"너희 둘이 오랜만에 의견의 일치를 보는구나. 절친한 친구답게……. 어쨌든 보기 좋은걸."

할아버지는 독도와 초롱이를 바라보며 미소를 지었습니다. 그러고는 천천히 말을 이었습니다.

"조선 정부가 공도 정책을 택한 데는 그만한 이유가 있단다. 고려 시대 말부터 시작하여 조선 시대에 와서도 왜구들이 섬으로 쳐들어와 큰 피해를 입혔거든. 재물을 약탈하고 사람들을 붙잡아 노예로 팔아 버리기까지 했지. 울릉도 같은 섬은 육지에서 멀리 떨어져 있어 왜구를 소탕하려고 군대를 보내기도 여의치 않았어. 풍랑이 잦아 섬에 닿기도 전에 몰살당하기 십상이고……. 이렇게 왜구들 때문에 백성들이 편히 살 수가 없으니, 조선 정부는 백성들을 보호하기 위해 공도 정책을 폈던 거야."

"조선 시대 초에 울릉도에는 사람들이 얼마나 살고 있었죠?"

"1412년(태종 12년) 강원도 관찰사가 태종 임금에게 이런 보고를 한 적이 있단다. 울릉도 사람 백가물 등 12명이 강원도 고성 어라진에 표류했는데, '우리는 무릉도(울릉도)에서 태어나 자란 사람들입니다.

섬 안에는 11가구에 60여 명이 살고 있습니다. …… 이 섬에는 소·말은 없습니다. 하지만 콩 한 말을 심으면 20~30석이 나고, 보리 1석을 심으면 50여 석이 납니다.' 하고 말했다는 거야."

"그렇군요. 울릉도에 많은 사람이 살고 있진 않았네요."

"그래도 태종 임금은 울릉도에 사는 사람들을 육지로 불러들이려

고 김인우를 안무사로 삼아 섬으로 보냈지. 이때가 1416년(태종 16년) 9월이었어. 김인우는 병선 두 척에 수행원들을 싣고 울릉도로 떠났는데, 그가 섬에서 데리고 나온 사람은 고작 3명뿐이었어. 돌아오는 길에 두 차례나 태풍을 만나 겨우 목숨을 건질 수 있었단다."

"그런데 왜 3명밖에 데리고 나오지 못했어요? 그 이유가 뭐죠?"

"울릉도 주민들이 육지로 나가는 것을 거부했기 때문이지. 너희들도 생각해 보렴. 오랫동안 살아왔던 삶의 터전인데, 당장 떠나라고 하면 이를 받아들이겠니? 오히려 그들은 김인우에게 섬에서 사는 것을 허가해 달라고 청했지."

"김인우는 태종 임금에게 그런 사실을 보고했나요?"

"물론이지. 그리하여 김인우가 돌아온 직후인 1417년 2월에 대궐에서는 태종 임금과 대신들이 모여 회의를 열었단다. 울릉도 주민들을 그냥 울릉도에 살게 할 것인가, 아니면 전부 육지로 이주시킬 것인가……."

"그래서 어떻게 하기로 했죠?"

"처음에는 울릉도 주민들을 그대로 살게 하자는 의견이 지배적이었지. 주민들에게 곡식과 농기구를 주어 편안하게 농사지으며 살게 하고, 토산물을 세금으로 바치게 하자는 것이었어. 그런데 그때

공조판서 황희*만이 이를 반대하고 나선 거야. 황희는 뒷날 명정승으로 이름을 떨친 인물인데, 섬에 남아 있는 백성들을 모두 육지로 이주시켜야 한다고 주장했지."

초롱이가 눈을 반짝이며 물었습니다.

"다른 사람들은 다 찬성했는데, 왜 그 분 혼자만 반대했죠?"

"황희는 주민들에게 농사를 짓게 하고 세금을 거두어 들이는 것은 현실성이 없다고 주장했어. 그곳 사람들은 무거운 세금을 피해 울릉도로 도망쳐온 사람들인데, 세금을 바치라고 하면 반드시 불평을 쏟을 거라나. 더욱이 백 명도 안 되는 사람들을 지키고 보호하기 위해 병선 다섯 척에 500명 이상의 병사들을 보내는 것은 큰 낭비라는 거야. 섬 하나를 지키는 일에 나라의 힘을 헛되이 쓰지 말고, 그 시간과 돈과 노력을 왜구들로부터 강원도 연안을 지키는 데 돌리자는 것이 황희의 주장이었단다."

황희(黃喜, 1363년~1452년)
고려 말에서 조선 초기의 문신이며 재상(宰相)이다. 문과 급제 후 여러 벼슬을 거쳐 판서, 재상 등을 지내며 맹사성 등과 함께 세종대왕을 잘 보필하였다. 청백리로 널리 알려져 있으며 조선 세종 때 18년간 영의정에 재임하면서 많은 치적과 일화를 남겼다.

"듣고 보니 황희의 주장도 일리가 있네요."

"태종 임금은 황희의 주장을 받아들였단다. 그래서 사람들을 육지로 이주시켜 섬을 비우는 공도 정책을 그대로 시행하기로 했지. 세종 임금도 아버지 태종 임금의 정책을 이어받았어. 1425년(세종 7년)에는 백성들이 군역을 피해 섬으로 달아났다는 소식을 듣고, 김인우를 다시 안무사로 임명하여 울릉도와 독도에 숨어 있던 남녀 스무 명을 잡아 육지로 데려왔단다. 그런데 돌아오는 길에 또 풍랑을 만나 두 척의 배 가운데 한 척이 난파되어 40여 명을 잃었다는 구나."

잠자코 이야기를 듣고 있던 독도가 입을 열었습니다.

"할아버지, 조선의 공도 정책에 대해 자세히 이야기해 주셨는데요. 혹시 안무사 김인우에 대해 전해지는 이야기는 없나요? 몇 번이나 죽을 고비를 넘기며 섬에 다녀왔다면 재미있는 이야기가 한 가지쯤은 전해질 것 같아서요."

할아버지가 껄껄 웃었습니다.

"허허, 그 녀석, 지루한가 보구나. 그렇잖아도 내가 김인우의 울릉도 답사에 얽힌 전설 한 토막을 들려주려던 참이었다. 울릉도 태하동에는 '성하신당'이 있는데, 이 신당에 모셔져 있는 동남동녀(童男童女 남자아이와 여자아이를 아울러 이르는 말) 신상에 관한 이야기이지."

안무사 김인우가 태종 임금의 명을 받들어 울릉도·독도 등의 섬을 둘러보러 떠났을 때의 일이야.

 김인우는 울릉도에 도착하여 그곳에 사는 사람들을 일일이 찾아다녔어. 사람들을 설득하여 육지로 이주시키려고 말이야.

 임무를 마친 김인우는, 다음날 배를 타고 육지로 떠나기로 하고 잠자리에 들었어. 그런데 그날 밤, 김인우의 꿈에 한 노인이 나타나서 이렇게 말하는 거야.

 "나는 동해의 해신이다. 내일 섬을 떠날 때 동남동녀 한 쌍을 섬에 두고 가거라."

 김인우는 잠에서 깨어났어.

 '별일이네. 동남동녀 한 쌍을 섬에 두고 가라고?'

 김인우는 꿈의 내용이 생각났지만 대수롭지 않게 여겼어. 그래서 배에 일행을 태우고 태하동 해변에서 출발하려고 했지.

 태하동은 울릉도 서쪽에 있는 곳으로, 강원도와 경상도에서 출발하면 가장 먼저 닿는 바닷가 마을이었어. 울릉도를 찾아오는 관리들은 꼭 이곳에 상륙해 여장을 풀었지.

 김인우는 깜짝 놀랐어. 일행이 배를 타고 출발하려고 하는데, 갑자기 태풍이 불고 파도가 크게 일어서는 거야. 태풍에 밀려 배는 금방이라도 뒤집힐 것 같았지.

 "잔잔하던 바다가 왜 별안간 사나워졌지? 안 되겠다. 출항을 내일로 미루자."

김인우는 결국 배를 출발시키지 못하고 일행을 배에서 내리게 했지.

그날 밤 김인우는 잠자리에 들었다가 꿈속에서 또 노인을 만났어. 노인은 노여움이 가득한 목소리로 말했어.

"너는 왜 내 말을 듣지 않느냐? 이 섬에서 죽고 싶으냐?"

잠이 깬 김인우는 오싹 소름이 끼쳤어.

'그 노인이 동해 해신이라고 했지? 자기가 시키는 대로 하지 않았다고 태풍을 불게 해 우리 출항을 방해했구나.'

김인우는 동해 해신의 말을 듣지 않으면 살아남지 못할 거라는 생각이 들었어. 그래서 두 사람을 희생시켜 남은 사람들을 살려야겠다고 마음먹었지.

다음날 김인우는 일행이 모두 배에 올라타자 동남동녀 한 쌍을 불러 이렇게 말했어.

"붓과 벼루를 숙소에 두고 왔구나. 내가 아주 아끼는 물건이니 어서 가서 가져 오너라."

"예, 알겠습니다."

두 사람은 배에서 내려 마을 쪽으로 사라졌어.

그때 김인우가 출항 명령을 내렸어.

"닻을 올려라! 그리고 당장 출발하라!"

부하들은 영문을 몰라 김인우의 얼굴을 쳐다보았어.

"뭣들 하느냐? 명령이다! 그들이 오기 전에 빨리 배를 몰아라!"

부하들은 김인우의 명령을 어길 수가 없었어. 닻을 올려 서둘러 배를 출항시켰지.

김인우가 출항 명령을 내리자 바다는 아주 잔잔해졌어. 그리고 순풍이 불어와 배는 빠르게 앞으로 나아갔고, 무사히 육지로 돌아올 수 있었단다.

그러나 김인우는 섬에 두고 온 동남동녀 한 쌍이 마음에 걸렸어. 내내 괴로웠지.

'내가 몹쓸 짓을 했구나. 우리가 살려고 두 사람을 희생시켰으니……'

김인우는 1425년 다시 안무사가 되어 울릉도를 찾아가게 되었어.

태하동 바닷가에 상륙한 그는 동남동녀 한 쌍의 행방을 찾아 나섰어.

김인우가 자신의 숙소가 있던 곳으로 가 보니 두 사람이 꼭 끌어안고 있는 거야.

"오, 너희들! 살아 있었구나!"

김인우는 너무나 기뻐 두 사람의 몸에 손을 댔어. 그 순간, 사람의

모습이 연기처럼 사라지고 옷만 덩그러니 남는 거야.

"아이고, 내가 너희들을 죽였구나! 나를 용서해 다오!"

김인우는 그 자리에 주저앉아 통곡을 했어. 섬에 남은 동남동녀는 공포와 배고픔에 울다 지쳐, 꼭 끌어안은 채 숨을 거두었던 거야.

김인우는 외롭게 죽은 동남동녀 한 쌍의 영혼을 위로하려고 그 자리에 사당을 지어, 그들이 입었던 옷을 걸어 놓고 제사를 지냈단다. 이곳이 바로 태하동 마을에 있는 '성하신당'이야. 울릉도 사람들은 신당 안에 석고로 만든 동남동녀 상을 모셔 놓고, 해마다 음력 3월 3일과 9월 9일에 제사를 지내고 있단다.

그리고 배를 만들어 바다에 띄울 때도 이곳을 찾아 제를 올리며 배의 안전을 빈다는구나.

초롱이가 말했습니다.

"할아버지, 너무나 슬프고 애절한 이야기예요. 섬에 남아 있다가 죽어간 동남동녀 한 쌍이 불쌍하고 가엾어요."

독도가 말했습니다.

"전 그들이 답답하고 미련하다는 생각이 들어요. 울릉도에는 해산물이 풍부한데, 고기잡이를 하면 죽지 않고 살 수 있었을 텐데요."

"동남동녀는 아무것도 할 줄 모르는 어린이들이었단다. 공포와 추위, 그리고 배고픔에 시달려 죽을 수밖에 없지 않았겠니?"
할아버지는 안타까운 표정을 지으며 다시 말했습니다.
"동남동녀가 어리더라도 강치였다면 허무하게 죽진 않았을 거야. 김인우 안무사가 다시 올 때까지 물고기를 잡아먹으며 씩씩하게 살아 있었겠지."
독도가 웃으며 말했습니다.
"할아버지 말씀이 옳아요. 참! 할아버지, 다음에는 무슨 이야기를 들려주실 거예요?"
"응, 이번에는 일본으로부터 울릉도와 독도를 지킨 조선 어부 안용복 이야기를 들려줄게."
"야, 신난다! 재미있겠다. 빨리 들려주세요."

이것은 꼭 알아두세요!

1. 조선 시대엔 울릉도와 독도에 대해 어떤 정책을 썼나요?
   섬을 비워두는 '공도 정책'이었다.

2. 왜구들은 울릉도와 독도에 쳐들어와 어떤 짓을 했나요?
   재물을 약탈하고 심지어 사람들을 잡아다 노예로 팔았다.

3. 조선 시대에 울릉도에 대해 '공도 정책'을 쓴 이유는 무엇일까요?
   왜구들로부터 백성을 보호하려는 것이었다.

4. '공도 정책'은 누가 주장한 것인가요?
   황희

5. 태종 12년, 강원도 관찰사의 보고 자료에 기록된 울릉도 주민의 숫자는?
   11가구 60여 명

6. 김인우 일행이 무사히 항해하기 위해 희생시킨 동남동녀(童男童女)의 영혼을 기리는 신당은?
   울릉도 태하동 마을에 있는 '성하신당'

제6장

울릉도와 독도를 지킨 조선 어부 안용복

조선 시대 숙종 임금 때 부산 동래부에 안용복이란 사람이 살고 있었어. 안용복은 수군(지난 날 배를 타고 바다에서 싸우던 군대. 지금의 해군에 해당함)인 동래부 능로군으로 활동한 적이 있는데, 능로군은 병선에서 노를 젓는 병사란다.

안용복은 수군에서 나온 뒤에는 어부로 일했어. 그는 늘 배를 타고 바다로 나가 열심히 고기잡이를 했지.

1693년(숙종 19년) 봄의 어느 날이었어. 안용복은 40여 명의 어부들과 함께 배를 타고 바다로 나아갔어. 이들은 그동안 가까운 바다에서 고기잡이를 했지만, 그날은 먼 바다로 나가 고기잡이를 하기로 했어. 이들이 간 곳은 동해 바다 울릉도 근처였지. 그곳은 오징어, 명태, 고등어 등 온갖 물고기들이 우글거리는 황금 어장이잖아.

그런데 울릉도에 닿은 안용복은 부글부글 화가 끓어올랐어. 울릉도 앞바다에서 일본 어선 일곱 척이 진을 치고 고기를 잡고 있는 거야.

일본 어부들은 호키슈(시마네 현) 요나고무라에 있는 오타니 가문과 무라카와 가문의 어부들이었어. 오타니 가문과 무라카와 가문은 1618년 일본 에도 막부*로부터 울릉도 근해를 건너도 좋다는 '도해 면허'를 발급받아 70년 넘게 고기잡이를 해 왔던 거야.

> **에도 막부**
> 일본의 도쿠가와 이에야스(德川家康)가 1603년에 에도(江戶)에 수립한 무가(武家) 정권. 15대 265년으로 끝났다.

'울릉도는 우리 조선 땅이다. 그런데 일본 배들이 우리나라 바다에 와서 제멋대로 고기를 잡아?'

안용복은 화가 나서 견딜 수가 없었어. 그래서 노를 저어 일본 배 쪽으로 가까이 가서 호통을 쳤지.

"네 이놈들! 울릉도는 우리 조선 땅이다! 어찌하여 남의 나라 바다에 와서 함부로 고기를 잡느냐?"

안용복은 일본말을 유창하게 잘했어. 그의 고향 동래부에는 조선과 무역을 하러 온 일본 상인들의 숙소인 왜관이 있었는데, 어려서부터 그곳을 드나들며 일본말을 배웠거든.

안용복은 키는 작지만 얼굴이 검고 눈매가 날카로웠어. 안용복이 무섭게 쏘아보며 큰 소리로 외치자 일본 어부들은 한순간에 멈칫했지.

그러나 이내 그들 가운데 한 사람이 안용복을 향해 외쳤어.

"무슨 소리냐? 여기는 우리 일본 땅인 죽도(다케시마)다. 네놈이야말로 왜 남의 나라 바다에 와서 함부로 고기를 잡느냐?"

안용복은 불같은 성격이었어. 자기들의 어선을 일본 배에 붙이고는 뛰어들며 소리쳤지.

"뭐, 어쩌고 어째? 여기가 네놈들 땅이라고? 뻔뻔스럽구나. 이제는 거짓말까지 해? 용서할 수 없다!"

안용복은 일본 어부들에게 달려들며 주먹을 휘둘렀어. 일본 어부 한 사람이 주먹에 맞고 쓰러졌지. 그러자 일본 어부들은 안용복을 에워싸고 한꺼번에 덤벼들었어. 안용복은 그들과 맞서 용감하게 싸웠어.

그때 조선 배에서 어부 한 사람이 일본 배 안으로 뛰어들었어. 안용복과 친하게 지내는 어부 박어둔이었지. 그는 안용복을 도와 일본 어부들과 격렬하게 싸웠어.

그러나 두 사람이 많은 상대와 싸우기에는 힘이 부족했어. 얼마 뒤 일본 어부들이 휘두른 몽둥이에 그만 머리를 맞아 정신을 잃고 쓰러지고 말았단다.

안용복과 박어둔은 포로가 되어 오키 섬으로 끌려갔어. 두 사람이 정신을 차렸을 때는 온몸이 꽁꽁 묶인 채 오키 섬 도주(섬의 지배자) 앞에 끌려와 있었지.

안용복은 눈을 부릅뜨고 도주에게 따졌어.

"우리가 무슨 잘못을 했기에 이렇게 붙잡아 왔느냐?"

오키 섬 도주가 말했어.

"너희는 죄인이다. 우리 땅에 함부로 들어왔고 우리 어부들에게 행패를 부렸다."

"울릉도가 어째서 너희들 땅이냐? 우리 조선 땅이란 말이다!"

안용복은 큰 소리로 외쳤어. 그러나 오키 섬 도주는 안용복의 말을 더 이상 듣지 않았어. 안용복과 박어둔을 자기 상관인 호키슈의 태수에게 넘겨 버렸단다.

호키슈의 태수는 거들먹거리며 두 사람에게 말했어.

"너희들은 왜 우리 땅에 몰래 들어와 고기를 잡고, 우리 어부들에게 주먹을 휘둘렀느냐?"

안용복은 태수 앞에서 당당하게 따졌어.

"우리는 아무 잘못이 없다. 울릉도는 우리 조선 땅이다. 조선 사람이 조선 땅에 들어와 고기를 잡은 것이 어째서 죄가 되느냐? 오히려 불법을 저지른 것은 너희 어부들이다. 남의 나라 땅에 들어와서 고기를 잡지 않았느냐?"

"말귀를 못 알아듣는구나. 네가 입에 올리는 울릉도는 우리 일본 땅인 죽도란 말이다."

"닥쳐라! 울릉도는 틀림없는 우리 땅이다. 생각해 봐라. 조선 본토에서 울릉도까지 오는 데 얼마나 걸리느냐? 하루면 충분하다. 하지만 일본에서 울릉도까지 오려면 무려 닷새나 걸린다. 이것만 보더라도 울릉도는 조선 땅이 틀림없지 않으냐?"

태수는 안용복이 따지고 들자 말문이 막혀 버렸어. 그래서 더 이상 울릉도가 자기네 땅이라고 우기지 못했지.

태수는 안용복과 박어둔을 붙잡아 두었다며 이들을 어떻게 처리하면 좋을지 에도 막부에 물었어.

에도 막부에서는 임진왜란 이후 조선과는 되도록 부딪히지 않고 관계를 정상화하겠다는 뜻을 갖고 있었어. 그래서 '울릉도는 일본 땅이 아니다. 앞으로 일본 배들이 고기잡이를 못하게 하겠다.'는 내용의 서계(증거로 쓰이는 외교 문서)를 내려보내 안용복에게 주었단다.

하지만 대마도주는 생각이 달랐어. 울릉도는 고기가 잘 잡히는 황금 어장이기 때문에 욕심이 났거든. 그래서 박어둔과 함께 풀려난 안용복이 조선으로 돌아가기 위해 나가사키를 거쳐 대마도에 들렀을 때, 에도 막부로부터 받은 서계를 빼앗고 감옥에 90일 동안이나 가두

었단다.

또한 대마도주는 울릉도를 집어삼키기 위해 계략을 꾸몄어. '우리 바다에는 일본 섬인 죽도가 있는데, 조선 어부들이 함부로 들어와 고기를 잡고 있습니다. 조선 어부 두 사람을 붙잡았다가 고향으로 돌려보내니, 앞으로는 조선 어부들이 우리 섬에 들어오지 못하게 엄격히 단속해 주십시오.'라는 서계를 써서 일본 사신을 통해 조선 정부에 보낸 거야.

그러자 조선 정부는 다음과 같은 서계를 일본 사신에게 전했지.

'우리 조선은 백성들에게 먼 바다에 나가지 못하게 엄격히 단속해 왔습니다. 우리나라 땅인 울릉도일지라도 마음대로 드나들지 못하게 했는데, 하물며 다른 섬은 어떻겠습니까? 우리 어선이 일본의 섬에 들어가 함부로 고기를 잡는 것은 마땅히 법으로 엄하게 다스리겠습니다.'

일본 사신은 서계를 읽고 이렇게 말했어.

"서계에서 '울릉도'라는 말은 빼 주십시오."

일본 사신이 이런 요구를 한 것은, 조선 땅인 울릉도라는 말을 빼 일본 땅인 것처럼 얼렁뚱땅 꾸민 서계를 가져가려는 속셈이었지. 일본 사신의 이런 제의는 당연히 그 자리에서 거절당했단다.

한편, 조선으로 돌아온 안용복은 부산 동래부 감옥에 갇혔어. 함부로 국경을 넘어 남의 나라에 갔다 왔다는 죄 때문이었지.

2년여 만에 감옥에서 나온 안용복은 울릉도 근해에 대한 소식을 들었어.

'뭐, 여전히 일본 배들이 울릉도와 우산도(독도)에서 고기잡이를 하고 있다고? 두고 보고만 있을 수가 없다. 내가 직접 일본으로 건너가 담판을 지어야겠다.'

안용복은 이런 결심을 하며 주먹을 불끈 쥐었어.

1696년(숙종 22년) 봄, 그는 울산으로 가서 배를 구하고 사람들을 끌어 모았어. 그리하여 유일부·이인성 등 열네 명과 함께 울릉도로 떠났지.

울릉도에 닿은 일행은 조선 배 세 척을 발견했어. 이 배들은 울릉도 앞바다에서 고기를 잡고 있었지.

잠시 뒤 일본 배 다섯 척이 나타났어. 안용복은 일본 배들에 다가가 뱃머리에서 호통을 쳤어.

"너희들은 왜 남의 나라를 침범해 함부로 고기를 잡느냐?"

일본 어부들은 겁에 질려 이렇게 말했어.

"우리는 송도에 살고 있습니다. 곧 돌아갈 테니 봐주십시오."

안용복은 일본 어부들을 쏘아보며 또 호통을 쳤어.

"송도 역시 우리 조선 땅인 우산도다. 썩 물러가라!"

일본 어부들은 배를 모아 우산도로 도망쳤어. 그러자 안용복의 배는 그들을 뒤쫓아갔지.

우산도에서는 일본 어부들이 불을 피워 놓고 고기를 굽고 있었어. 안용복은 일행과 함께 배에서 내려 몽둥이를 휘두르며 소리쳤어.

"이 섬도 우리 조선 땅이다! 썩 물러가지 못할까!"

안용복은 몽둥이로 솥이며 그릇을 마구 두들겨 부쉈어. 깜짝 놀란 어부들은 서둘러 배를 타고 달아났지.

안용복은 일본 배들을 울릉도와 독도 밖으로 쫓아내고는 호키슈까지 배를 저어 갔어.

안용복은 호키슈의 태수를 만나 이렇게 말했지.

"조선에서 온 안용복이오. 나는 울릉도와 우산도를 지키고 세금을 거두어들이는 '감세장' 벼슬을 맡고 있소. 울릉도와 우산도는 우리 조선 땅인데, 일본 배들이 함부로 들어와 고기잡이를 하기에 뒤쫓아 왔소. 당신네들은 왜 자꾸 이런 불법을 저지르는 거요?"

안용복은 태수 앞에서 조선 관리인 양 위장을 했어. 보통 백성이라고 하면 만나 주지 않을 것 같아서였지.

"나는 지난번에 일본에 왔을 때 '울릉도는 일본 땅이 아니다. 앞으로 일본 배들이 고기잡이를 못하게 하겠다.'는 내용의 서계를 에도 막부로부터 받았소. 그런데 그 서계를 대마도주가 빼앗아 버렸소.

나는 이런 사실을 에도 막부에 알릴 테니 그리 아시오. 그리고 우리 조선이 일본에 보내는 쌀과 면포와 종이를 대마도주가 중간에서 횡령하고 있다는 사실도 알고 있소. 쌀 한 섬이 15말인데 7말이라 하고, 면포 한 필이 35자인데 20자라 하고, 종이 한 권이 20장인데 3장이라 하며 나머지를 빼돌렸소. 이런 사실도 에도 막부에 알릴 테니 그리 아시오."

호키슈의 태수를 통해 이 말을 전해들은 대마도주는 얼굴이 하얗게 되었어. 자신의 비리가 에도 막부에 알려지면 목이 달아날 판이거든. 그리하여 호키슈의 태수와 대마도주는 안용복이 에도 막부에 상소를 올리지 않는 대신 안용복에게 이런 약속을 했어.

"울릉도와 우산도를 침범한 일본 배가 있다면, 그 선원들을 감옥에 가두어 법으로 엄히 다스리겠습니다."

안용복은 민간인의 신분이었지만 큰 일을 해냈어. 일본 배들이 울릉도와 우산도를 침범한다면 엄벌에 처하겠다는 약속을 받아냈으니 말이야.

안용복은 강원도 양양으로 돌아왔어. 그러나 안용복을 기다린 것은 가혹한 심문이었어. 함부로 국경을 넘어 남의 나라에 갔다 왔고, 울릉도 · 우산도의 감세장 벼슬을 사칭했으며, 외교에 뛰어들어 문제를 일으켰다는 것이었지.

조선 정부는 안용복을 사형에 처하려고 했어. 하지만 때마침 '울릉도는 조선 땅'이라고 인정하는 서계가 일본으로부터 날아들어 사형을 면할 수가 있었단다.

그 뒤 안용복은 귀양살이를 했다는구나. 나라를 위해 큰일을 했는데 오히려 죄인으로 몰렸으니 참 어이가 없지?

이것은 꼭 알아두세요!

1. 조선의 어부 안용복은 울릉도 근처에 고기잡이를 나갔다가 무엇을 목격했나요?

    일본 어선들이 우리 바다인 울릉도 근해에서 고기를 잡고 있는 모습

2. 안용복이 일본으로 끌려가 호키슈 태수 앞에서 당당히 주장한 것은 무엇입니까?

    조선 본토에서 울릉도까지는 하루 거리지만 일본에서 울릉도까지는 닷새 거리라며 울릉도와 독도가 조선 땅임을 주장했다.

3. 안용복이 에도 막부로부터 받아낸 외교 문서의 내용은 무엇이었나요?

    울릉도는 일본 땅이 아니다. 앞으로 일본 배들이 고기잡이를 못하게 하겠다.

4. 에도 막부가 울릉도와 독도가 조선 땅임을 인정해도 대마도주가 그것을 받아들이지 않은 이유는 무엇입니까?

    울릉도와 독도가 황금 어장이기 때문

5. 안용복이 사형당하는 것을 면하게 해 준 일본 서계의 내용은 무엇입니까?

    울릉도는 조선 땅

제7장
울릉도를 탐사한 검찰사* 이규원

> **검찰사**
> 형사 사건에서, 범죄의 형적을 수사하여 증거를 모으고 그 사정을 밝혀내는 사람.

"정말 어이가 없어요. 안용복에게 상을 내리지는 못할망정 죄인으로 몰아 귀양을 보내다니요."

"안용복은 울릉도가 조선 땅임을 에도 막부로부터 정식으로 인정받았잖아요. 그런 훌륭한 일을 했는데 그런 대접을 받다니 기가 막혀서 말이 안 나와요."

독도와 초롱이는 흥분하여 목소리를 높였습니다.

할아버지가 말했습니다.

"참으로 안타까운 일이지. 안용복이 없었다면 울릉도와 독도를 지켜내지 못해 지금쯤 일본 땅이 되어 버렸을걸. 아무튼 안용복의 공로는 역사에 길이길이 남을 거야."

"안용복이 발벗그 나서게 된 것도, 조선이 공도 정책으로 섬을 비워 놓은 틈을 노려 일본이 그 자리를 차지하려 했기 때문이죠?"

"초롱이 말이 맞다. 조선 시대에는 세종 임금 때인 1438년부터 고종 임금 때인 1882년까지 440여 년 동안 울릉도와 독도를 빈 섬으로 남겨 놓았지. 그러자 일본은 울릉도와 독도에 제멋대로 들어와 고기를 잡고 나무를 베어갔어. 안용복은 이런 현실을 보다 못해 울릉도와 독도가 조선 땅임을 밝히고, 일본 배들이 울릉도와 독도 근해에 가까이 가는 것을 금하겠다는 약속을 일본 정부로부터 받아냈지."

"공도 정책 때문에 울릉도에서는 전혀 살 수 없었나요?"

"공도 정책이 내려졌어도 울릉도로 사람들이 몰래 숨어들었어. 육지에서 죄를 짓고 도망쳤거나, 먹고 살 길이 막막해서 온 가난한 사람들이었지. 그러다 섬을 시찰하러 온 관리들에게 발각되어 육지로 추방되는 일이 되풀이되었어. 그래도 사람들이 계속 몰려드니 조선 시대 말에는 울릉도를 더 이상 빈 섬으로 버려두지 않고 사람들이 사는 땅으로 개척하게 되었단다."

"안용복 사건 이후에는 일본 사람들이 울릉도와 독도에 발길을 끊었나요?"

"처음에는 좀 뜸했지. 그러다가 조선 시대 말에 이르러 일본 사람들이 몰래 들어와 불법을 저지르기 시작했단다. 제 맘대로 고기를 잡고 마구 나무를 베어간 거야. 그 무렵에 울릉도에는 이런 이야기가 전해지고 있어.

울릉도에 일본 사람들이 숨어들어와 살 때의 일이야.
하루는 일본 사람들이 독도에 들렀다가 조선 청년 두 사람을 발견했어. 청년들은 일본 사람에게 몽둥이를 휘두르며 덤벼들었지. 일본 사람들은 이들을 붙잡아 울릉도로 데려왔단다.
배에서 내린 청년들은 일본 사람들의 소굴에 끌려갔다가 깜짝 놀랐어. 일본 사람들이 무척이나 많았고, 조선 여자 여러 명을 납치해 와 노예처럼 부려먹고 있었거든.
일본 사람들은 청년들을 돌집에 가두려고 했어. 그러자 청년들은 일본 사람들을 향해 고래고래 소리를 질렀지.
"네 이놈들! 감히 우리를 붙잡아 와? 하늘이 무섭지도 않느냐?"
그런데 그때였어. 갑자기 맑은 하늘에 먹구름이 깔리더니 천둥 번개가 치고 소나기가 내리는 거야.
"어떠냐, 놀랐지? 우리는 하늘나라 백성들이다. 네놈들은 조선 사람들을 못살게 군 죄로 사흘 안에 큰 벌을 받을 것이다. 여기에 큰 불이 일어날 테니 각오해라."

"우리를 협박하느냐? 허무맹랑한 소리 말고 감옥에 들어가라."

일본 사람들은 청년들을 감옥에 가두어 버렸어. 그러나 그들은 마음이 불안했어.

"사흘 안에 큰불이 나면 어쩌지? 저들이 하늘나라 백성들이라잖아."

"공연히 큰소리치는 거겠지. 우리를 겁먹게 하려고."

"아니야, 저들이 말하는 순간, 갑자기 맑은 하늘에 먹구름이 깔리더니 천둥 번개가 치고 소나기가 쏟아졌잖아. 보통 사람들이 아니야. 어쩜 하늘나라 백성들일지도 몰라."

"쓸데없는 소리. 아무 일 없을 테니 마음 푹 놓가."

일본 사람들 가운데 한 사람이 동료들을 안심시켰어. 그러나 대부분의 사람들은 얼굴에 불안한 표정을 감추지 못했단다.

사흘째 되는 날 밤이었어. 별안간 일본 사람들이 비명을 지르며 집에서 뛰쳐나왔어.

"으악, 불이야!"

"우리 집에 불이 났다!"

"사람 살려!"

일본 사람들은 새파랗게 질렸어. 그들이 사는 집은 모두 세 채였는데 동시에 큰불이 난 거야. 나무로 지어진 집들이어서 손쓸 틈도 없었

어. 불은 순식간에 번져 집들을 홀랑 다 태우고 말았지.

그제야 일본 사람들은 공포에 질렸어.

"무서운 사람들이야. 사흘 안에 큰불이 난다고 하더니 그대로 이루어졌어."

"저들을 감옥에 가두려고 할 때 천둥 번개가 치고 소나기가 쏟아졌잖아. 정말 하늘나라 사람들인가 봐."

일본 사람들이 이렇게 수군거릴 때 감옥에 갇혀 있던 두 청년이 고함을 질렀어.

"네 이놈들! 아직도 우리가 누군지 모르겠느냐? 앞으로 너희들은 하루에 한 명씩 죽을 것이다."

"과연 누가 먼저 죽을까? 며칠 안에 모두 지옥에서 다시 만날 테니 그리 알아라!"

일본 사람들은 청년들의 예언을 듣자 기겁을 하고 그들을 감옥에서 풀어 주었어. 그리고 청년들 앞에 엎드려 손이 발이 되도록 빌었단다.

"저희들이 잘못했습니다. 제발 살려 주십시오."

"흥, 어림도 없다. 너희들은 하루에 한 명씩 죽어야 한다."

"하늘나라 백성님들이 시키시는 일은 무엇이든 하겠습니다. 목숨만은 제발 살려 주십시오."

"그렇게 살고 싶으냐? 그럼 당장 여기를 떠나 너희 나라로 돌아가라."

"알겠습니다. 고맙습니다."

일본 사람들은 짐도 버려 둔 채 허둥지둥 배를 타고 섬을 떠났어. 섬에 남은 조선 사람들은 뛸 듯이 기뻐하며 만세를 불렀지.

이 두 청년이 누구인지 아니? 하늘나라 백성이 아니라 조선 수군 병사들이었어. 일본 사람들을 울릉도에서 쫓아내려고 독도에서 일부러 잡혀 왔던 거야.

청년들이 울릉도에 왔을 때 천둥 번개가 치고 소나기가 쏟아진 것은 우연이었어. 순전히 하늘이 도와준 것이었지.

하지만 큰불이 난 것은 청년들이 일본 사람들에게 예언하는 말을 듣고, 붙잡혀 온 조선 여자들이 일부러 불을 질렀기 때문이란다.

"하하하, 통쾌해요. 일본 사람들을 감쪽같이 속여 섬에서 쫓아냈군요."

"조선 사람들끼리 박자가 척척 맞았네요. 불이 난 것을 보고 일본 사람들이 얼마나 놀랐을까요?"

독도와 초롱이는 마주보고 웃었습니다.

"옛이야기이긴 하지만 당시에 일본 사람들이 울릉도에 와서 어떤 행패를 부렸는지 짐작할 수 있겠지? 어쨌든 이규원이 울릉도 검찰사로 가게 된 것도, 울릉도에 시찰을 갔던 한 관리가 일본 사람 일곱 명이 나무를 베어 바닷가에 쌓는 것을 보았기 때문이었어. 일본 사람들이 나무를 배에 실어 부산과 원산으로 보내고 있었거든. 관리는 이 일을 강원도 관찰사* 임한수에게 보고했고, 임한수는 그것을 또 '통리 기무 아문*'에 보고했지. '통리 기무 아문'은 이 일에 대해 부산 동래부의 왜관*을 통해 일본 외무성에 항의 문서를 보냈어. 그리고 고종 임금에게 이런 사실을 알린 뒤, 울릉도를 더 이상 비워 두는 것은 곤란한 일이니, 이규원을 울릉도 검찰사로 보내 울릉도를 탐사해 대책을 마련하자고 건의했던 거야."

독도가 물었습니다.

"이규원은 울릉도에 가서 어떤 일을 하고 돌아왔어요? 떠나기 전에 고종 임금에게 기리 당부의 말을 듣진 않았나요?"

"우리 독도가 모처럼 좋은 질문을 했네. 이규원은 뒷날 '군무 아문 대신*'을 지냈던 중요한 인물이란다. 그가 울릉도에서 무슨 활동을 했는지 이야기할 테니 들어 볼래?"

검찰사로 임명된 이규원이 울릉도로 떠난 것은 1882년(고종 19년) 4월 10일이었어. 그는 서울을 출발하기 사흘 전에 고종 임금을 만났지.

고종 임금은 온화한 표정으로 말했어.

"먼 길을 다녀와야 하는데 고생이 많겠구나. 울릉도

관찰사
조선 시대 각 도의 장관을 일컫는 말.

통리 기무 아문
(統理機務衙門)
조선 고종 17년(1882) 내무의 정치와 군사에 관한 모든 사무를 맡아보던 곳.

왜관
일본인이 머물러 통상할 수 있도록 두었던 관사.

군무 아문 대신
조선 말, 군에 관한 행정 사무를 총괄하던 사람. 지금의 국방부 장관.

까지는 며칠 걸리겠느냐?"

이규원이 머리를 조아리며 아뢰었어.

"서울에서 강원도 평해까지는 680리입니다. 아마도 8, 9일이면 평해에 도착하겠지요. 그리고 평해에서 배를 타면 이틀 만에 울릉도에 닿을 것입니다. 물론 순풍을 만났을 때 그렇고, 바람이 느리거나 빠르면 예상하기 어렵습니다."

"장차 울릉도에 읍을 세울 계획이니 농사를 지을 만한 땅을 자세히 알아보아라. 그리고 울릉도에 일본 사람들이 멋대로 드나든다고 하니 이를 잘 단속해라."

"분부하신 대로 하겠습니다."

"울릉도 옆에 있는 우산도(독도)의 위치도 확인해 보아라."

"예, 알겠습니다."

이규원은 고종 임금에게 몇 가지 지시를 받고 대궐에서 나왔어. 그리고 사흘 뒤에 드디어 서울을 출발하여 경상도 순흥·풍기·봉화·안동·영양을 거쳐 4월 22일에 강원도 평해에 도착했어. 이규원이 고종 임금에게 말한 날짜보다 사나흘 늦게 도착한 셈이었지.

이규원 일행은 4월 29일 평해의 구산포를 떠나 울릉도로 향했는데, 3척의 배에 102명이 승선했어. 그리고 다음날 울릉도 서쪽 소황토구미(학포)에 닿았지.

이규원은 4월 30일부터 5월 10일까지 섬의 구석구석을 탐사했어. 9일 동안은 육로로 걸어다녔으며, 2일 동안은 배편으로 섬을 일주했지.

이규원이 조사한 바에 따르면, 울릉도에는 조선 사람이 140명쯤 살고 있었어. 전라도 사람이 115명, 강원도 사람이 10명, 경상도 사람이 10명, 경기도 사람이 1명이었지. 이들 가운데 129명이 나무를 베어 배 만드는 일을 했으며, 고기를 잡거나 미역 따는 일을 했어.

울릉도에는 일본 사람도 78명이나 살고 있었어. 이들은 모두 나무 베는 일을 하고 있었지.

이규원은 일본 사람들과 필담으로 이야기를 나누었어.

"너희들은 언제부터 나무를 베어 왔느냐?"

"우리는 2년 전인 1880년부터 이 일을 해 왔다."

"울릉도는 우리 조선 땅이다. 왜 남의 나라에 와서 함부로 나무를 베는 것이냐?"

"그게 무슨 소리냐? 여기는 우리 일본 땅이다. 우리 일본 땅이라는 푯말도 세워져 있다."

일본 사람들은 울릉도의 장작지포(사동)에서 통구미로 가는 해변 바위 사이에 세워 놓은 푯말을 보여 주었어. 거기에는 '일본국 송도, 명치 2년(1869년) 2월 13일 건립'이라고 씌어 있었지. 이와사키라는 사람이 자기들의 땅인 양 멋대로 푯말을 세워 놓았던 거야.

이규원은 어이가 없었어. 그래서 학포 바위에 '검찰사 이규원, 울릉도'라는 글자를 새겨 놓았다는구나.

이규원은 우산도(독도)를 찾으려고 울릉도에 있는 성인봉 꼭대기에 올라갔어. 하지만 우산도를 찾아내지는 못했지.

이규원은 고종 임금이 지시한 농사지을 만한 땅도 알아보았어. 그리하여 섬의 중심지인 나리동에 넓은 평지가 있어 밭을 일구면 1000호쯤 수용할 수 있고, 그밖에도 100~300호쯤 수용할 만한 곳이 7~8군데 있음을 확인할 수 있었단다.

이규원은 1882년 5월 27일 울릉도에 대한 탐사를 마치고 서울로 무사히 돌아왔어. 그러고는 이제까지 조사한 결과를 고종 임금에게 자세히 보고했지.

고종 임금은 흡족해하며 이렇게 말했어.

"수고 많았다. 사람이 살 만한 땅이로구나. 이제부터 울릉도를 개척해야겠다."

고종 임금은 8월 20일 마침내 울릉도 개척령을 내렸어. 그리하여 울릉도에서는 공도 정책이 폐지되고 사람이 살도록 만드는 개척 사업이 시작되었단다.

이것은 꼭 알아두세요!

1. 조선 시대 공도 정책으로 울릉도와 독도는 얼마 동안 빈 섬으로 남겨지게 되었나요?
    세종 임금 때인 1438년부터 고종 임금 때인 1882년까지 440여 년 동안

2. 공도 정책 때문에 울릉도엔 어떤 일이 생기게 되었나요?
    일본이 울릉도와 독도에 제멋대로 들어와 고기를 잡아가고 나무를 베어갔다.

3. 조선 시대 말, 울릉도를 사람이 살 수 있는 섬으로 개척한 이유는?
    공도 정책이 내려졌어도 사람들이 계속 들어왔기 때문

4. 일본 사람들이 울릉도에 들어와 나무를 베어가는 등 행패를 부려 고종 임금은 어떤 대책을 세웠나요?
    이규원을 보내 울릉도를 탐사하게 했다.

5. '울릉도 개척령'을 내린 조선의 임금은?
    고종

제8장

울릉도 · 독도 개척과 배상삼 이야기

"울릉도 개척령으로 울릉도에 사람들이 정식으로 들어와 살게 되었군요. 울릉도에서 숨어 살던 사람들도 이제는 두 다리를 펴고 마음 편히 살게 되었겠어요."

초롱이의 말에 할아버지가 고개를 끄덕였습니다.

"그야 물론이지. 검찰사 이규원이 울릉도를 탐사하러 갔을 때 만난 사람 가운데 '전석규'라는 사람이 있었어. 이 사람은 울릉도에 들어온 지 10년이 되었는데, 그동안 약초를 캐어 팔아서 생활하고 있었지. 그는 울릉도에 오래 살아 섬 안을 손바닥처럼 들여다보고 있었어. 울릉도의 토산물이나 사람이 살 만한 곳이 어디인지 속속들이 알고 있었지. 그래서 이규원의 추천으로 전석규는 '울릉도장'

김옥균 (金玉均, 1851년~1894년)
조선의 문신이며 구한말의 정치혁명가이다. 자는 백온(伯溫). 급진개화파로 1884년 갑신정변을 주도하였으나 실패했다. 그 이후 일본으로 망명했지만 청나라 상하이 호텔에서 홍종우에 의해 암살당했다.

갑신정변 (甲申政變)
1884년 12월 4일 (고종 21년 음력 10월 17일) 김옥균·박영효·홍영식 등 개화당이 청나라에 의존하려는 척족 중심의 수구당을 몰아내고 개화정권을 수립하려 한 정변이다.
우정국 낙성식을 계기로 정변을 일으켜 민씨 척족들을 축출하거나 일부 처형하였다. 그러나 치밀하지 못한 준비로 3일 만에 진압되었다. 다른 이름으로는 3일 천하, 3일 혁명 등으로도 부른다.

으로 임명되었어. 나라에서는 울릉도 개척 사업을 추진하기 위해 1883년 3월 김옥균★을 개척사로 임명했어. 김옥균은 1884년 갑신정변★을 일으켰던 이름난 정치가란다."

독도가 물었습니다.

"김옥균이 개척사가 되었다면 정식 관직 이름이 '울릉도 개척사'였겠군요?"

할아버지가 고개를 저었습니다.

"아니야. '동남 제도 개척사(東南諸島開拓使) 겸 포경사(捕鯨使)'였단다."

"관직 이름이 꽤나 길고 어렵네요. 무슨 뜻이죠?"

"동남 제도 개척사란, '동해에 있는 여러 섬을 개척하는 관리'라는 뜻이지. 김옥균은 관직에 임명되기 전에 고종 임금★의 부름을 받았단다. 고종 임금은 김옥균에게 '그대를 울릉도 개척사로 삼겠다.'고 말했지. 그때 김옥균은 관직 이름을 '동남 제도 개척사'로 바꾸어 달라고 청했어. 동해에는 울릉도 외에 우산도(독도)도 있으니 우산도까지 두루 개척하겠다면서 말이야."

초롱이가 고개를 갸우뚱했습니다.

"할아버지, 독도는 바위섬이어서 사람이 살기 어려운 섬 아닌가요? 김옥균은 독도를 사람이 살 만한 섬으로 바꾸어 놓으려는 생각을 했나요?"

"그때만 해도 독도에 샘물이 발견되지 않아 사람이 살 수 없었어. 따라서 독도를 사람이 살 만한 섬으로 바꾸어 놓겠다는 생각은 아무도 하지 않았지. 김옥균이 고종 임금에게 독도까지 개척하겠다고 나선 데에는 다른 이유가 있었단다. 당시에 조선 정부는 일본 사람들이 울릉도에 멋대로 들어와 마구 나무를 베어 가는 것을 일본 정부에 강력하게 항의했지. 그래서 마침내 1883년 9월에 일본 사람들이 울릉도에서 모두 철수했단다. 김옥균은 울릉도에서 쫓겨난 일본 사람들이 독도로 옮겨가 독도와 독도 근해를 차지하는 것을 염려했지. 독도에서 살지는 못하지만 일본 사람들이 이곳을 제 맘대로 드나들며 물고기를 잡을 수도 있잖아. 그래서 독도와 독도 근해를 지키겠다고 '동남 지도 개척사'를 자청하고 나선 거야."

"오, 그런 깊은 뜻이 담겨 있었군요. 그럼 김옥균을 포경사로 임명한 이유는 뭐죠?"

고종 임금 (1863년~1907년) 조선 제26대 왕(재위 1863~1907). 명성황후와 대원군의 세력다툼 속에서 일본을 비롯한 열강의 내정 간섭을 겪었다. 재위 기간 중 병자수호조약, 한·미, 한·영수호조약 등이 이루어졌다.

"포경은 이름 그대로 고래잡이를 말하지. 동해 바다는 고래잡이로 유명한데, 고종 임금은 김옥균에게 동해 바다의 고래잡이와 관련된 일까지 두루 맡아 달라고 '포경사'로 임명한 거야."

"김옥균이 중책을 맡아 울릉도·독도 개척에 나섰군요. 그럼 곧바로 울릉도에 육지 사람들이 이주해 왔나요?"

"그랬지. 1883년 4월부터 육지 사람들이 울릉도로 옮겨 왔는데, 조선 정부는 이를 위해 이들을 실어 나를 배 네 척, 사공 40명을 준비했어. 그리고 울릉도 개척민들이 9월 추수 때까지 먹을 식량 60석, 곡식 종자로 벼 20석, 콩 5석, 조 2석, 팥 1석, 농사를 도울 소 한 쌍, 개척민들을 보호할 무기로 총 3자루, 창 4자루, 칼 4자루, 탄환 300발, 화약 3근을 준비했어. 또한 개척민들이 살 집을 지을 목수 2명과 농기구를 만들 대장장이도 2명 데려갔지."

"와아! 조선 정부가 개척민들에게 후원을 했군요. 처음엔 몇 명의 사람들이 울릉도로 들어갔죠?"

"1883년 4월부터 7월까지 16가구 54명이 울릉도에 입주했어. 이들은 대황토포(태하), 곡포(남양), 추봉(송곳산), 현포동 등지로 흩어져 땅을 개간하고 농사를 짓기 시작했지. 개척민들은 강원도·경상도·충청도·경기도 등에서 살다가 온 사람들이란다. 그 뒤 이주민이 점점 늘어나 1897년 3월에는 12개 마을에 397가구 1,134명이

나 되었지."

할아버지의 이야기에 귀 기울이던 초롱이가 눈을 반짝이며 물었습니다.

"울릉도에는 어떤 사람들이 들어와 살았어요?"

"전국 각지에서 가난한 농민들이 울릉도로 들어와 살았지. 땅이 기름져서 농사짓기 좋은 곳이란 말만 믿고 제 발로 찾아온 사람들이었어. 그들 가운데는 울릉도를 지상 낙원이라며 들어온 사람들도 상당수 있었단다. 조선 시대에는 『정감록』★이라는 책이 널리 읽혔는데, 이 책에는 '울릉도에 들어가면 난리를 세 번 피할 수 있다.'는 구절이 있다는구나. 그런데 1894년 육지에서는 '갑오농민전쟁'★이 일어났지. 사람들은 『정감록』의 내용을 그대로 믿었단다. 울릉도를 난리를 피할 지상 낙원으로 생각해 울릉도로 들어왔다는 거야. 그때는 전라도에서 울릉도까지 오고 가는 '나선(羅船)'이라는 전라도 배가 있었어. 그래서 전라도 사람들이 이 배를 타고 가족을 데리고 울릉도로 많이 들어왔지."

독도도 초롱이에게 뒤질세라 물었습니다.

정감록(鄭鑑錄)
조선 중기 이후 민간에 널리 퍼진 예언서로 〈송하비결〉과 〈격암유록〉과 함께 조선 시대 3대 예언서로 꼽히고 있다. 이심(李沁)과 정감(鄭鑑) 두 사람이 금강산에 마주앉아 평양에서 공주에 이르기까지의 왕조의 변천을 예언하고, 나라의 어지러움과 피난처를 밝혔다. 고려 왕조에서 조선 왕조로 옮아갈 것이며, 조선은 500년 후에 멸망하고, 정씨가 왕위에 올라 계룡산에 도읍하리라는 것이다.
반왕조적이며 현실부정적인 내용을 담고 있어 조선 시대 이래 금서로 분류되었으나, 민간에 은밀하게 전해 내려왔다.

갑오농민전쟁
전라도 고부군수 조병갑이 과다한 세금을 거두어들이자 농민들은 전봉준을 선두로 1893년(고종 30) 음력 12월과 이듬해 음력 1월, 2회에 걸쳐 군수에게 시정을 진정했다. 하지만 조병갑이 오히려 농민들을 감옥에 가두자 격분한 농민(동학도)들이 일어나 부정부패와 외세(外勢)의 침략에 대항하며 싸웠다.

명이
백합과에 속하는 다년생 식물로 오대산, 지리산, 설악산 등의 고산지나 울릉도의 숲 속 또는 북부 지방에 자생하고 있다. 명이는 산마늘을 울릉도에서 부르는 이름이다. 아주 이른 봄에 눈 속에서 자라는 나물이다.

슴새 (깍새)
슴새과에 속하며 학명은 Calonectris leucomelas 이다. 날개는 길고 좁으며, 꽁지는 짧고, 발에는 물갈퀴가 있다. 부리는 끝이 구부러졌고, 콧구멍은 관 모양이다. 몸길이는 30~70cm이다. 번식기에는 섬이나 해안의 해상에서 지낸다. 정어리·날치 등의 어류와 낙지, 복족류, 해조류 등을 먹는다. 땅 속에 터널 모양의 구멍을 파고 집단으로 번식하며, 알은 하나만 낳는다.

"할아버지, 울릉도에 들어온 개척민들은 어떻게 살았어요? 울릉도는 지상 낙원이라니 잘먹고 잘살았겠군요."

"아니야. 울릉도는 지상 낙원이 아니었어. 개척민들을 기다린 것은 굶주림과 추위뿐이었지. 개척민들은 해마다 흉년이 들어 처음에는 굶어 죽는 사람들이 적지 않았다는구나. 사람들이 들어와 산 지 7~8년 뒤에는 울릉도에 큰 흉년이 들어, 영의정 심순택이 곡식 300섬을 강원도 동해안에서 구해 긴급 구호를 한 적도 있었지. 울릉도 사람들은 그 은혜를 잊지 못해 불망비를 세우기도 했어. 그런데 하느님이 도우셨는지, 울릉도 개척민들은 '깍새'와 '명이'가 있어 굶어 죽지 않고 살아남을 수 있었단다."

"깍새와 명이★가 뭐죠?"

"깍새는 '깍깍' 운다고 해서 이름 붙여진 새야. 이 새가 바로 희귀종인 '슴새'★인데, 당시에는 울릉도에 아주 흔했어. 슴새는 가을에 바다에 안개가 끼면 집을 못 찾아 헤매다가 민가의 불빛을 보고 찾아와 앉았지. 그러면 마을 사람들이 새를 잡아 소금에 절여 보관해

겨울 양식으로 이용했다는구나. 명이는 '명(命)을 이어 준다'고 해서 이름 붙여진 나물이야. 겨울이 지나 습새마저 떨어져 가면 개척민들은 눈 속에서 돋아난 풀인 명이를 캐어 먹었지. 간장에 재워 먹거나 삶아서 고추장에 무쳐 먹었어. 개척민들은 이 명이로 이른 봄을 굶지 않고 지낼 수 있었지."

초롱이가 감탄을 하며 다시 할아버지에게 물었습니다.

"야! 아무리 어려워도 죽으라는 법은 없군요. 개척민들은 겨울에 추위를 어떻게 견뎠어요?"

"울릉도에는 볏짚이 귀하기 때문에 널빤지로 지붕을 이은 너와집(소나무 토막을 쪼개어 만든 널빤지로 지붕을 이은 집)과 억새로 지붕을 만드는 투막집이 있었지. 울릉도는 눈이 엄청나게 내렸거든. 그래서 처마 끝에서부터 땅이 닿는 데까지 옥수수대를 세워 돌린 우데기를 둘러쳤어. 눈과 찬바람을 가리게 하려고 말이야."

독도가 갑자기 생각난 듯 말했습니다.

"할아버지, 궁금한 것이 있어요. 울릉도는 바다에 둘러싸인 섬이니 배가 고프면 물고기를 잡아먹으면 되잖아요. 그런데 개척민들은 물고기를 잡아먹지 않고 왜 엉뚱한 것을 먹었는지 모르겠어요."

할아버지가 너털웃음을 터뜨렸습니다.

"하하하, 우리 독도가 아주 좋은 질문을 했네."

초롱이가 끼어들었습니다.
"당연하지요. 독도는 먹을 것에 관심이 많은 먹보잖아요."
독도가 초롱이를 노려보았습니다.

"너 자꾸 나를 헐뜯을래? 자기도 배고프면 참지를 못하면서……."
"내가 언제 그랬어? 내가 너 같은 줄 아니?"
"어쭈, 이게…….'
할아버지가 나섰습니다.
"자, 그만들 해라. 너희들, 내 이야기를 마저 듣고 싶지 않니?"
"죄송해요. 다시는 다투지 않을 테니 이야기를 계속해 주세요."
"그래요, 할아버지. 개척민들은 왜 물고기를 잡아먹지 않았죠?"
"궁금하지? 개척민들은 대부분 육지에서 농사를 짓다가 온 사람들이었어. 이들은 울릉도에 와서도 농사를 지었지. 그래서 처음에는 아무리 배가 고파도 물고기를 잡아먹지 않았어. 일본 사람들이 오징어를 잡고 전복을 캐어가도 관심조차 갖지 않았지. 이들은 뱃사람을 천하게 여겨, 아이들이 물고기를 잡으면 피가 나도록 종아리를 때렸다는구나. 물론 나중에는 울릉도에도 어업에 종사하는 사람들이 늘어나긴 했지만……."
"그랬군요. 할아버지 말씀을 들으니 의문이 풀렸어요."
"저도 질문할 게 있어요."
초롱이가 입을 열었습니다.
"그래, 무엇이든지 물어보렴."
"예, 할아버지. 일본 사람들이 1883년 9월에 울릉도에서 모두 철수했다고 말씀하셨는데요. 그들이 울릉도나 독도에 다시 나타난 것은 언제였나요?"

"조선 정부는 일본과 1883년 '조일 통상 장정', 1889년 '조일 통어 장정'을 체결했어. 여기에는 '일본 사람에게 전라·경상·강원·함경 4도 바닷가에서의 어업을 허가한다.'고 되어 있단다. 따라서 울릉도와 독도는 강원도에 속하니 여기에서의 어업도 허가하고 있는 셈이었지. 그래서 1888년 여름부터는 전복을 캐려고 일본 사람들이 울릉도 연안에 나타나기 시작했어. 그 뒤에는 일본 어선들이 울릉도·독도 근해에 자주 드나들었고, 1891년부터는 울릉도에 숨어 들어와 예전처럼 나무 베는 일을 시작했지. 1896년 이후에는 울릉도에서 이런 일을 하는 사람이 200여 명이나 되었어. 이 무렵에 일본 사람들의 세력이 커졌다고 해. 울릉도 사람들 가운데 일본 사람들과 손잡은 사람들은 부자가 되었다는구나. 당시에 울릉도에는 배상삼이란 사람이 '도수(島首)'로 임명되었는데 이런 이야기가 전해 내려오고 있어."

울릉도 개척 당시에 울릉도에는 배상삼이란 사람이 있었어. 그는 전라도에서 이주해 왔는데, 키가 무척 크고 힘이 세었어. 큰 황소를 어깨에 지고 걸어갈 정도였지.

배상삼은 1890년 울릉도를 다스리는 도수가 되었어. 그는 울릉도 사람들을 잘 다스렸지. 그래서 울릉도 사람들에게 존경을 받았단다.

그러나 배상삼은 일본 사람들에게는 호랑이처럼 무섭게 굴었어. 남의 나라에 제 멋대로 들어와서 허가도 없이 나무를 베어가는 일본 사람들이 아주 싫었거든.

그러던 어느 날이었어. 배상삼을 눈엣가시처럼 미워하던 일본 사람들은 그를 죽이기로 모의했어. 그리하여 배상삼이 혼자 밤길을 갈 때 일본 사람 20여 명이 그의 앞을 가로막았지.

"배상삼! 지옥으로 가거라!"

일본 사람들은 배상삼을 에워싼 채 몽둥이를 들고 덤벼들었어. 그러나 그들은 배상삼의 적수가 되지 못했지. 배상삼은 일본 사람들을 손에 잡히는 대로 집어던져 버렸거든.

"어이쿠!"

"으으윽!"

일본 사람들은 바닥에 쓰러져 일어서지 못했어. 모두들 괴로워하며 신음 소리를 토해냈지.

배상삼은 그들을 향해 큰 소리로 외쳤어.

"남의 나라 땅에 들어와서 함부로 나무를 베어가? 하는 짓이 괘씸하지만 목숨만은 살려 주마. 그 대신 나무는 그대로 두고 썩 물러가라!"

일본 사람들은 엉금엉금 기어 자기들의 배로 돌아갔단다.
울릉도 사람들은 이 소식을 듣고 모두들 기뻐했지.
"우리 도수님이 일본 사람들을 혼내 줬대."
"다시는 우리 땅에 발도 못 붙이게 일본 사람들을 모두 쫓아 버렸어."

"도수님 만세!"

울릉도 사람들은 배상삼을 우러러보며 더욱 그를 믿고 따랐지.

1894년(고종 31년) 울릉도에는 큰 흉년이 들었어. 농사를 지어 살아가는 사람들은 굶주림에 시달려야 했지. 태상삼은 이를 보다 못해 울릉도에서 손꼽히는 부자들을 자기 집에 불러 이렇게 말했단다.

"여러분들이 농민들을 도와주시오. 나도 내가 가진 곡식을 모두 내놓을 테니 여러분들도 곡식을 기부해 주시오."

부자들은 마음이 내키지 않았어. 하지만 배상삼의 청에 마지못해 곡식을 내놓았지. 배상삼에게 잘못 보이면 좋을 것이 없었으니까 말이야.

일본 사람들과 손잡아 부자가 된 사람들은 1895년부터 음모를 꾸미기 시작했어.

"배상삼을 그대로 둘 수가 없어. 무슨 수를 쓰든지 그를 해치워 버리자."

"좋아. 내년 2월 28일 태하동 성황제가 끝나면 배상삼을 공격하자."

"그 전에 소문을 내자. 태상삼이 일본 사람들과 내통하여 울릉도 사람들을 해치우려 한다고……."

배상삼에 반대하는 여덟 사람은 계획대로 움직였어. 먼저 배상삼에 대한 좋지 않은 소문을 퍼뜨렸지.

"배 도수가 왜구들에게 비밀 편지를 보냈대. 왜구 수만 명을 보내 주면 울릉도를 독립시켜 옛날 우산국 같은 나라의 왕이 되겠다고……."

"배 도수가 일본 사람들과 내통하여 울릉도 남자들은 모두 죽여 버릴 계획이래. 울릉도 여자들은 일본 남자들의 첩으로 팔아 버릴 거고……."

그러나 이런 소문이 돌아도 믿는 사람은 별로 없었지.

1896년 2월 28일, 태하동 성황제가 열렸어. 배상삼은 이 행사에 참석했는데, 성황제가 끝난 뒤 그를 반대하는 사람들이 다가왔어.

"배 도수, 당신은 일본 사람들과 내통하여 울릉도 사람들을 모두 죽음의 구렁텅이로 몰아넣을 거지? 사람의 탈을 쓰고 어쩜 그럴 수가 있는가?"

"그, 그게 무슨 말이오?"

"시치미 떼지 마. 우리가 당신한테 호락호락 당할 줄 알아?"

사람들은 배상삼의 눈에 고춧가루를 뿌렸어. 그러고는 그의 얼굴에 커다란 포대를 덮었지.

"이게 무슨 짓이오?"

"이놈! 네 죄를 알겠느냐?"

사람들은 한꺼번에 달려들어 배상삼을 몽둥이로 마구 때렸어. 배상삼은 주먹을 휘두르며 맞섰지만 그들을 당할 수가 없었어. 눈에 고춧가루를 뿌려 앞이 보이지 않는데다, 얼굴에 포대를 덮어 달아날 수가 없었지. 결국 배상삼은 암살 계획을 세운 여덟 사람에게 몰매를 맞아 숨을 거두고 말았단다.

"배 도수는 폭행을 일삼고 부녀자를 희롱한 못된 인물이오."

"일본 사람들과 내통하여 울릉도 남자들을 모두 죽이고, 울릉도 여자들은 일본 남자들의 첩으로 팔아넘기려고 했소."

"우리가 그의 계획을 미리 알고 손을 쓴 것이오."

그들은 배상삼을 악인으로 몰아세워 자기들의 살인을 정당화했지. 그 뒤 그들은 일본과 밀무역을 하여 큰돈을 벌었는데, 자기들의 이익을 위해서는 수단과 방법을 가리지 않았어. 온갖 나쁜 짓을 저질렀지.

하지만 그들은 억울하게 죽은 배상삼의 저주를 받았는지 나중에 비참한 최후를 맞이했다는구나.

"배 도수가 가엾어요. 좋은 일을 많이 한 사람인데 억울하게 살해당했으니 말이에요."

"그래도 정의는 살아 있나 봐요. 배 도수를 죽인 악인들이 비참한 최후를 맞이했으니……."

독도와 초롱이는 배상삼 이야기를 듣고 느낀 점을 말했습니다.

"오늘 많은 이야기를 들었지? 내일 또 이야기를 들려주마. '울릉도와 독도에 망루를 설치하여 러일전쟁을 승리로 이끈 일본' 이야기와 '150여 명이 떼죽음을 당한 미군의 독도 폭격 사건', 그리고 '홍순칠과 독도 의용 수비대' 이야기를 잇달아 해 주지."

할아버지의 말에 독도와 초롱이는 소리를 질렀습니다.

"와아, 신 난다! 손에 땀을 쥐게 하는 재미있는 이야기들이 계속 이어지는군요."

"할아버지, 고맙습니다. 마음이 설레어 오늘 밤엔 잠이 안 올 것 같아요."

이것은 꼭 알아두세요!

1. 굶주림과 추위로 고통 받던 개척민들에게 도움이 되었던 것은?
   승새(깍새)와 명이

2. 울릉도의 집 모양을 말해 보세요.
   너와집, 투막집

3. 개척민들은 배가 고픈데도 왜 물고기를 잡아먹지 않았나요?
   뱃사람을 천하게 여겼기 때문이에요.

4. 조선 시대 울릉도와 독도는 어느 도에 속했나요?
   강원도

5. 1890년, 울릉도 도수가 되어 나무를 베어가는 일본인을 혼내 주고 백성을 잘 다스렸던 사람은?
   배상삼

6. 배상삼을 죽이려고 했던 사람들은 누구였가요?
   일본과 밀무역을 하여 큰돈을 번 사람들

제9장
울릉도와 독도에 망루*를 설치하여 러일전쟁*을 승리로 이끈 일본

망루
망을 보기 위해 세운 높은 대.

러일전쟁
1904년에 한반도와 만주에 대한 지배권을 둘러싸고 러시아와 일본 사이에 일어난 전쟁. 일본이 승리하여 1905년에 미국의 루스벨트 대통령의 중재로 포츠머스에서 강화 조약을 체결하였는데, 그 결과 일본은 우리나라에 대한 지배권을 묵인받고, 랴오둥(遼東) 반도를 차지하여 대륙 침략의 발판을 마련하였다.

다음날 아침, 날이 밝자 독도와 초롱이는 할아버지를 찾아갔습니다. 할아버지는 바위 위에 엎드려 있었습니다.

"할아버지, 저희들 왔어요. 아직까지 주무시는 건 아니죠?"

"요 녀석들, 어제도 아침부터 나를 성가시게 하더니 오늘도 변함없구나. 너희들은 잠도 없니?"

할아버지가 고개를 들며 말했습니다.

그러자 독도가 킬킬거리며 머리를 긁적였습니다.

"크크, 잠잘 시간이 어디 있어요? 이야기 듣기 바쁜데. 저희들은 어제 사실 밤새도록 이야기를 듣고 싶었어요. 하지만 할아버지가 피곤해하실 것 같아서 참았어요."

"독도 말이 맞아요. 할아버지만 괜찮으시다면 저희들은 며칠 밤을 꼬박 새울 각오도 되어 있어요."

할아버지는 독도와 초롱이의 머리를 쥐어박았습니다.

"아이고, 징그러운 녀석들……. 나 좀 그만 괴롭혀라. 너희들은 누구를 닮았기에 그렇게 이야기를 좋아하니?"

독도가 재빨리 대답했습니다.

"누구긴요. 당연히 할아버지를 닮았지요. 할아버지도 어릴 적에 할아버지와 할머니를 졸라 독도에 대한 이야기를 수없이 들었다고 하셨잖아요. 할아버지도 저희들한테 그 모든 이야기를 빠짐없이 들려주세요. 그래야 저희들도 이담에 손자들에게 그 이야기들을 모조리 전해 주지요."

"녀석들, 말이나 못하면……. 알겠다. 약속대로 오늘도 몇 가지 이야기를 들려주지. 먼저 무슨 이야기부터 할까? 옳지, 울릉도와 독도에 망루를 설치하여 러시아 함대를 감시한 일본 해군 이야기를 먼저 해야겠다. 일본은 러시아와 전쟁을 벌여 승리를 거두게 되지."

초롱이가 초롱초롱 빛나는 눈으로 할아버지를 바라보며 이렇게 물었습니다.

"일본과 러시아가 벌인 전쟁이 러일전쟁이죠? 두 나라는 왜 사이 좋게 지내지 않고 싸웠어요?"

할아버지가 대답했습니다.

청일전쟁
1894년에 조선에서 동학 농민 운동이 일어나자 그에 출병하는 문제로 일어난 청나라와 일본과의 전쟁. 일본군은 평양·황해·웨이하이웨이(威海衛) 등지에서 승리하고 1895년에 시모노세키 조약을 맺었다.

조차
특별한 합의에 따라 어떤 나라가 다른 나라의 영토 일부를 일정 기간 빌리어 그 어떤 나라의 통치 아래 두는 일.

의화단 사건
제국주의 열강들이 중국을 향한 탐욕이 극심한 시기, 중국에서도 의화단이라는 비밀 결사 농민집단이 세력을 키우고 있었다. 부패한 청조, 열강의 침략, 청일전쟁 배상금 등으로 민중의 고통이 극심하던 시기, 의화단은 권법과 봉술을 익혀 베이징에 입성할 때는 어느덧 20만의 세력으로 커져 있었다.
그들은 철도·전선 등 서양과 관계있는 시설이라면 닥치는 대로 파괴하며 민족의 각성을 촉구했지만 실패했다.

"이야기하자면 긴데 간단하게 말하마. 일본은 19세기 말부터 20세기 초에 걸쳐 강대국을 꿈꾸며 한국을 집어삼키고 중국까지 손아귀에 넣으려고 했어. 그래서 1894년 청나라와 전쟁(청일전쟁★)을 벌였고, 이 전쟁에서 승리하여 요동 반도와 대만을 차지했지. 하지만 러시아는 일본의 대륙 진출을 달가워하지 않았어. 당시에 러시아도 세력을 키워 동북아시아와 한국을 지배하려고 호시탐탐 노리고 있었거든. 그래서 러시아는 독일과 프랑스를 끌어들여 '삼국 간섭'을 하여 일본으로 하여금 요동 반도를 반환하게 했지. 그 뒤 러시아는 청국과 비밀 동맹을 체결하여 만주 철도 부설권을 얻고, 뤼순과 다롄을 25년간 조차★하여 뤼순 해군 기지와 다롄 상업 항구를 세웠어. 또한 청국에서 의화단 사건★이 일어나자 만주 철도를 보호한다는 구실로 만주에 군대를 보내 주둔시켰지. 러시아가 이렇게 계속 세력을 키우자, 일본은 러시아의 세력을 누르려고 마침내 전쟁을 일으켰던 거야."

"그럼 일본이 먼저 러시아를 공격했나요?"

"당연히 그랬지. 러시아에 대한 선전 포고도 없이, 1904년 2월 8일 일본 해군은 한국의 인천항에 정박했다가 출항하던 러시아 순양함 바리아그호와 코리츠호를 기습 공격했어. 이 배들은 화재가 일어나 탈출이 불가능해지자 자폭하고 말았지. 다음날에는 일본 연합 함대가 뤼순 항을 공격하여 러시아 전함 2척과 순양함 1척을 파괴했어."

"할아버지, 연합 함대가 뭐예요?"

"연합 함대를 알려면 함대가 뭔지 알아야 해. 함대는 군함 2척 이상으로 편성한 해군 부대란다. 그리고 연합 함대란 함대가 2개 이상인 것을 말하는 거야. 러일 전쟁 당시 일본 연합 함대를 지휘한 최고사령관은 '도고 헤이하치로'라는 해군 중장이었지.

그가 '쓰시마 해전'에서 러시아 해군의 발틱 함대를 무찔러 러일전쟁을 승리로 이끌었단다. '쓰시마 해전'은 조선의 이순신 장군의 '한산 대첩'★, 영국의 넬슨 제독의 '트라팔가르 해전'★과 함께 세계 3대 해전으로 꼽히고 있어.

한산 대첩
1592년(선조 25) 음력 7월 3일 한산도 앞바다에서 충무공 이순신의 조선 수군이 일본 수군을 크게 무찌른 해전으로, 이 전투에서 육전에서 사용하던 포위 섬멸 전술 형태인 학익진을 처음으로 해전에서도 펼쳤다.

트라팔가르 해전
나폴레옹 전쟁 기간 중인 1805년 10월 21일에 프랑스-스페인 연합 함대를 상대로 영국 해군이 승리를 거둔 해전. 스페인 남서쪽 트라팔가르곶에서 영국의 왕립해군 27척이 프랑스, 스페인 연합 함대 33척을 기습하여 22척을 침몰시켰다. 하지만 전투를 승리로 이끈 영국 해군 지휘관 넬슨제독은 전투 중 저격을 당해 전사했다.

넬슨 제독

도고 제독은 이순신 장군을 가장 존경했다고 해. 이순신 장군이라는 이름만 들어도 가슴 벅찬 감격을 느낄 정도였대. 그는 사람이 자기를 '해군의 신'이라고 부르자, '해군의 신은 이순신 장군 한 분뿐이다. 나는 그분에 비하면 하사관에 불과하다.'라고 말했단다. 도고 제독은 이순신 장군의 전술을 깊이 연구했는데, '쓰시마 해전'에서 이순신 장군의 전법을 빌려와 큰 승리를 거두었다는구나.

그리고 발틱 함대는 독도 앞바다에서 일본 연합 함대에 항복했는데, 일본에게는 독도가 해전의 전승지라 할 수 있겠지. 도고 제독이 어떻게 연합 함대를 지휘하여 해전을 승리로 이끌었는지 자세히 이야기해 주마."

러시아 함대는 극동의 태평양 함대와 발틱 함대가 있었어. 그리고 극동의 태평양 함대는 뤼순항에 본대, 블라디보스토크에 파견대를 두고 있었지.

일본 해군이 러시아 극동의 태평양 함대를 기습 공격하여 러일전쟁이 시작되었다는 것은 조금 전에 말했지? 러시아 함대는 태평양 함대와 발틱 함대를 합치면 전력이 일본 함대보다 두 배 많았어. 하지만 발틱 함대가 동양으로 출동하여 태평양 함대와 합류하려면 7개월이나 걸렸지. 러시아 함대가 정박한 발트해의 리바우항에서 극동 해역의 일본까지는 2만 8천 킬로미터나 떨어져 있었거든. 그래서 일본 연합 함대의 도고 제독은 극동의 태평양 함대를 기습 공격했던 거야.

러시아 황제 니콜라이 2세는 태평양 함대가 일본 함대에게 공격을 당했다는 소식을 듣고 로제스트벤스키 제독에게 명령했어.

"그대를 발틱 함대의 총사령관으로 임명한다. 발틱 함대는 '제2 태평양 함대'로 이름을 바꾸어 뤼순항으로 가서 일본 함대와 싸우라."

로제스트벤스키 제독은 1904년 10월 15일 발트해의 리바우항을 출발했어. 그리고 북해와 영불 해협, 스페인·포르투갈 연안을 지나 아프리카 희망봉을 돌아, 인도양에서 태평양으로 들어가는 대항해를 했지.

한편, 일본은 발틱 함대가 극동을 향해 오고 있다는 정보를 입수하고, 그에 맞설 준비를 철저히 했어. 일본 해군은 함대를 정비하고 훈련을 했으며, 러시아 함대의 동태를 살피려고 동해안 곳곳에 무선 전신 시설을 갖춘 망루를 세우기 시작했지. 울릉도는 물론 독도에도 망루 감시탑을 설치했어. 울릉도와 독도는 동해 바다 한가운데에 있어 러시아 함대의 해상 활동을 감시하기에 제격이었거든.

1905년 1월, 로제스트벤스키 제독은 놀라운 소식을 들었어.

"뭐라고? 뤼순항이 일본 해병에게 함락되었다고?"

그는 기운이 쭉 빠졌어. 이렇게 되면 뤼순항이 아닌 블라디보스토크를 향해 가야 하고, 일본 해군이 지키는 좁은 해역을 통과해야 했거든.

 '쓰시마 해협을 거쳐서 가자. 이쪽이 훨씬 가깝고, 다른 지역에 비해 일본 해군의 감시가 소홀할 거야.'

 그러나 도고 제독은 러시아 발틱 함대의 작전을 꿰뚫어 보고 있었어.

 1905년 5월 27일, 발틱 함대가 쓰시마 해협에 이르렀어. 이때 일본 해군은 울릉도·독도 등에 세운 망루와 대한 해협에 배치한 70여 척의 경비정으로 러시아 함대의 동태를 감시하고 있었지.

도고 제독은 이미 일본 함대에 작전 명령을 내렸어.

"발틱 함대가 나타나면 북쪽으로 이동하면서 낮에 4회, 밤에 3회 전투를 벌여라. 그리고 T자 전법을 사용하여 적에게 집중 포화를 해라."

T자 전법은 '한산 대첩'에서 승리한 이순신 장군의 전법을 활용한 것이었어. 즉, 학이 날개를 편 듯이 진을 치는 '학익진' 전법을 변형해, 효과적으로 적을 포위 공격하는 전법이었지.

도고 제독은 러시아 함대가 나타났다는 전보가 날아들자, "전 함대는 쓰시마 해협으로 출동하라!" 하고 명령을 내렸어. 그리하여 일본 연합 함대는 쓰시마 해협으로 모여들었고, T자의 위쪽 가로선을 이루어 세로선을 이룬 러시아 함대를 공격했지.

일본 함대의 함포 사격은 위력이 대단했어. 분당 2천 발씩 쏟아낼 정도였지. 포수들은 훈련을 잘 받아 먼 거리에서도 정확하게 포격을 했단다.

발틱 함대는 일본 함대의 상대가 되지 못했어. 전력이 약한데다가, 이곳까지 무려 7개월 동안 항해를 하느라 지칠 대로 지쳐 있었거든. 결국 러시아 함대는 42척 가운데 31척을 잃었고, 5천여 명이 전사했으며 6천여 명이 포로로 잡혔지. 그에 비해 일본 함대는 어뢰정 3척이 침몰하고 116명이 전사했을 뿐이었어.

총사령관 로제스트벤스키 제독도 포로로 잡혀, 발틱 함대의 지휘를 맡은 사람은 네보가토프 소장이었어. 그는 부리나케 달아나다가 5월 28일 오전 10시 30분에 독도 앞바다에서 전함에 백기를 꽂고 항복해 버렸지. 이로써 '쓰시마 해전'은 넬슨 제독의 '트라팔가르 해전' 이후 최대의 승리로 기록되었단다.

"할아버지, 전쟁 이야기 잘 들었어요. 해전이 벌어졌을 때 울릉도 사람들은 어떻게 하고 있었어요?"
독도가 묻자 할아버지가 대답했습니다.
"모두 산에 올라가 전투 장면을 구경했지. 대포알이 비 오듯 쏟아지고, 바다에 물기둥들이 치솟았으니 아주 장관이었겠지?"
"저는 끔찍하고 무서워요. 배에 포탄이 명중되면 순식간에 사람들이 죽거나 다치잖아요. 울릉도에 사는 일본 사람들도 전투 장면을 구경했나요?"
"아니야, 일본 사람들은 겁에 질려 있었다는구나. 처음엔 자기 나라 함대가 지는 줄 알고 말이야. 그렇게 되면 러시아 함대 병사들이 섬에 상륙하여 자기들을 모조리 죽일 거라고 불안과 공포에 떨었대. 어떤 사람들은 한국 사람처럼 상투를 틀고 한국 옷으로 갈아입은 채 한국 사람 집에 숨어 있었다는구나."

"하하하! 겁쟁이들이네요. 그렇게 무서움을 잘 타면서 남의 나라 땅에 들어와 살았으니……."
독도와 초롱이는 마주 보고 웃었습니다.

이것은 꼭 알아두세요!

1. 19세기 말부터 20세기 초, 한국을 집어삼킨 후 중국까지 손아귀에 넣으려고 일본이 일으킨 전쟁은?
    청일전쟁

2. 청일전쟁에서 승리한 일본이 차지한 땅은?
    요동 반도와 대만

3. 러시아가 독일과 프랑스를 끌어들여 일본에 대해 '삼국 간섭'을 하여 요동 반도를 반환하게 하고, 청국과 비밀 동맹을 체결하자, 러시아의 세력을 누르기 위해 일본이 일으킨 전쟁은?
    러일전쟁

4. 러시아의 발틱 함대가 일본 연합 함대에게 항복했던 곳을 말해 보세요.
    독도 앞바다

5. 일본이 러시아 함대의 해상 활동을 감시하기 위해 무선 전신 시설을 갖춘 망루를 세웠던 곳은 어디였나요?
    울릉도와 독도

제10장

150여 명이 떼죽음을 당한 미군의 독도 폭격 사건

"러일전쟁을 일으킨 일본이 러시아 함대의 동태를 살피려고 울릉도와 독도에 망루를 설치했다고 말했지?"

"예, 할아버지."

"울릉도와 독도는 동해 한가운데에 있어 러시아와 일본에 가깝단 말이야. 1905년 러시아와 전쟁을 벌이고 있던 일본으로서는 이 섬들이 군사적으로 아주 쓸모가 있었지. 러시아의 블라디보스토크와 일본의 오키 섬 사이에 있어 러시아 함대의 남하를 막을 수 있으니 말이야. 그래서 일본 정부는 수산업자 나카이가 독도를 일본 땅에 편입해서 어업 독점권을 달라는 청원을 제출했을 때, 1905년 1월 28일 내각 회의를 열어 독도를 일본 영토로 편입한다는 결정을 내린 거야."

"독도가 한국 영토임을 알면서도 군사적인 목적 때문에 멋대로 일본 영토로 만들었군요?"

"그렇지. 그런데 일본 정부는 그런 사실을 한국 정부에 전혀 알리지 않았어. 그야말로 한국 국민들 몰래 독도를 꿀꺽 삼킨 셈이었지."

초롱이는 할아버지의 말을 듣고 흥분하여 소리쳤습니다.

"정말 못된 사람들이네요. 독도를 주인 없는 땅이라고 억지 주장을 하며 자기네 땅으로 편입했다면서요? 그러고도 한국 사람들에게는 비밀에 부쳤군요? 그런 사실을 한국에서는 언제 알게 되었죠?"

"1년 2개월이 지난 1906년 3월 27일, 일본 시마네 현의 사무관 가미니시 유타로가 조사대를 이끌고 독도를 방문했단다. 이들은 독도를 둘러본 뒤 다음날 울도군의 심흥택 군수를 만나러 왔지."

독도가 물었습니다.

"할아버지, 독도와 울릉도가 울도군에 속해 있었나 보죠?"

"아참! 그 얘기를 먼저 해야겠다. 고종 임금은 1897년 10월 12일 나라 이름을 대한제국으로 하고 황제 칭호를 썼지. 그런데 대한제국 정부는 1900년 10월 25일 울릉도와 독도를 한데 묶어 '울도군'

을 만든 거야. '대한제국 강원도 울도군'이 탄생한 것이지. 심흥택은 1903년 4월에 울도 군수로 부임했는데, 울도군청을 방문한 가미니시 유타로에게 충격적인 소식을 들었지. 독도가 일본 영토로 편입되었다는……."

"그래서 어떻게 했어요?"

"심흥택은 어처구니가 없었어. 자기네 군에 속한 섬을 일본이 자기네 나라 영토로 편입하다니 그게 말이나 되는 일이니? 심흥택은 이튿날 이 사실을 강원도 관찰사 서리이자 춘천 군수인 이명래에게 보고했어. 그러자 이명래도 곧바로 대한제국 정부에 그 내용을 알렸지. 대한제국 정부는 '독도가 일본 영토가 되었다니 말도 안 된다. 다시 조사해 보아라.' 하고 명했어. 그런데 그 뒤에 이 일이 어떻게 처리되었는지 알려 주는 기록이 남아 있지 않구나."

"왜 그렇죠?"

"당시는 일본이 1905년의 을사늑약*으로 대한제국의 외교권을 빼앗은 뒤였거든. 곧 이어 1910년에는 한일 합방 조약으로 대한제국의 모든 영토를 강제로 점거했고……. 이런 상황에서 일본 정부에 독도 문제

을사늑약
1905년 11월 17일 대한제국 정부의 박제순과 일본제국 정부의 하야시 곤스케에 의해 중명전에서 체결된 불평등 조약이다. 조약 내용은, 일본 정부는 도쿄에 있는 외무성에서 한국의 외교 사무를 지휘한다는 것이었으며, 한국은 일본 정부를 통하지 않고는 외국과 어떤 조약도 맺을 수 없다는 것이었다. 또 일본은 한국에 통감을 두어 한국의 외교를 관리한다는 것이었다. 이에 민영환, 조병세, 이한응 등은 조약 반대를 외치며 자결, 순국하였다.

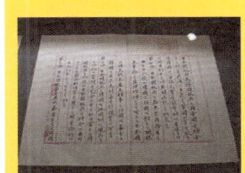

을사늑약 문서

을사늑약을 체결하여 나라를 팔아 넘긴 박제순

를 항의할 수가 없었겠지."

"그런 사정이 있었군요. 한국이 일본의 식민지가 되었으니……. 한국은 언제 일본의 지배에서 벗어나 해방을 맞이하죠? 빼앗겼던 독도도 되찾아 오고요."

"일본은 제2차 세계 대전을 일으켰는데, 1945년 연합국에게 무조건 항복했어. 그리하여 한국은 일본의 식민 지배에서 벗어나 해방을 맞이했지. 연합국 최고사령부는 1946년 1월 29일 지령 제677호로 독도를 포함한 모든 섬을 한국으로 환원시키도록 했어. 독도는 일본에 빼앗긴 지 40여 년 만에 한국 영토임을 전 세계에 알리게 된 거야. 연합국 최고사령부는 1946년 6월 22일 지령 제1033호로 '일본 배와 선원들은 독도 12해리 이내 바다에 들어오지 못한다.'고 발표했어.

이승만 (1875년~1965년)
조선·대한제국의 근대화 운동가이자 대한민국의 독립운동가·교육가·언론인·종교인·정치인이며 대한민국 제1·2·3대 대통령을 지냈다. 대한민국 제 3대 대통령 임기 중 3·15 부정 선거를 계기로 일어난 4·19 혁명 직후 대통령직에서 물러나 미국 하와이로 망명하였다.

1948년 5월 10일 드디어 한국에서 총선거가 실시되어 초대 대통령에 이승만★이 뽑혔지. 그리하여 8월 15일 대한민국 정부가 정식으로 출범하게 되었어. 하지만 그해 6월 8일 독도에서 150여 명이 떼죽음을 당한 미군의 폭격 사건이 일어날 줄을 누가 알았겠니?"

할아버지는 눈을 감고 잠시 생각에 잠겼다가 눈을 뜨고 천천히 이야기를 시작했습니다.

1948년 6월 8일, 독도에는 많은 배들이 모여들어 미역을 따고 있었어. 대부분 울릉도와 강원도에서 온 배들이었지. 배 한 척에는 5~8명이 타고 있었는데, 모두들 미역을 따느라 바쁘게 움직였어.

독도에는 동도와 서도가 있는데, 어느 쪽이나 배들이 많이 모여 있었어. 동력선과 거기에 딸린 작은 배들을 합치면 80여 척쯤 되었지.

동도와 서도에는 상륙하여 미역을 말리는 사람들로 발 디딜 틈이 없었어. 바위 위에 미역을 널어놓고 크기에 따라 나누어 말렸지.

그런데 오전 11시쯤 되었을까, 갑자기 비행기 소리가 들렸어. 하늘을 쳐다보니 울릉도 쪽에서 비행기들이 떼지어 날아오는 거야.

"야, 비행기다!"

사람들은 일손을 멈추고 하늘을 올려다보았어. 그런데 그때 갑자기 비행기들이 독도 바다 위로 날아오며 폭탄을 떨어뜨리는 거야.

"콰앙!"

난데없는 폭격에 독도 바다는 아수라장이 되었어. 폭탄을 맞은 배들은 바닷속에 가라앉고, 여기저기서 사람들이 죽거나 다쳤지.

"그만, 그만 해요! 우리는 한국 배예요! 살려 줘요!"

어떤 사람들은 배 위에서 태극기를 흔들며 하늘을 향해 부르짖었어. 그러나 아무 소용이 없었지. 비행기들은 한 대씩 날아오며 차례로 폭탄을 터뜨리더니, 이번에는 낮게 내려와 기관총 사격을 하는 거야.

"드르륵!"

사람들은 총에 맞아 처참하게 죽어갔어. 바다에는 시체들이 떠다니고, 독도는 비명 소리와 신음 소리로 가득했지. 그야말로 바다가 생지옥으로 변해 버린 거야.

폭격이 끝난 뒤, 다음날이 되어서야 구조선이 현장에 도착했어. 언제 또 비행기가 날아와 폭격을 할지 두려웠기 때문이었지. 이때의 폭격 사건으로 목숨을 잃은 사람만 무려 150여 명에 이른다는구나.

어민들을 죽음과 공포로 몰아넣은 비행기들은 미군 소속 폭격기들이었어. 독도 상공에서 폭격 연습 비행을 했던 거야.

미 공군 극동 사령부는 6월 16일이 되어서야 이렇게 밝혔어.

"미 제5공군 소속 B29 폭격기들이 독도 상공에서 폭격 연습 비행을 하다가 어선들을 바위로 착각해 연습 폭격을 했습니다."

일본 오키나와에서 출격한 비행기들이 독도를 표적삼아 폭격 연습을 했는데, 어선들을 바위로 오인해 실수로 폭격을 했다는 것이었지. 참으로 어처구니없는 사건이었어. 미군측은 희생자 가족들에게 어른은 500환, 미성년자는 300환씩 위자료를 주었다고 밝혔어. 그러나 그 돈은 미국 돼지 한 마리 값밖에 안 되었지.

그 뒤 독도는 1953년 3월에야 미 공군의 훈련 구역에서 제외되었다는구나.

"어이없는 사고였네요. 어선들을 바위로 착각해 연습 폭격을 하다니요."
"독도는 우리 강치들에게도 평화로운 삶의 터전이었잖아요. 그런데 그곳에 폭탄 세례를 퍼붓다니 몸서리쳐져요."
독도와 초롱이의 말에 할아버지의 표정이 어두워졌습니다.

"미군의 독도 폭격은 정말 끔찍했지. 수많은 우리 강치들이 그 무자비한 폭격으로 죽어갔단다. 오죽하면 살아남은 강치들이 이곳으로 옮겨 왔겠니."

"그랬군요. 희생당한 사람들과 강치들을 생각하니 눈물이 나네요. 앞으로는 두 번 다시 그런 불행한 일이 없어야겠어요."

초롱이는 바다 쪽으로 얼굴을 돌리며 눈물을 닦았습니다.

이것은 꼭 알아두세요!

1. 1905년 일본이 독도를 자기 영토로 편입시키려 했던 결정적인 이유는?
    울릉도와 독도가 동해 한가운데에 있어 군사적으로 쓸모가 있었기 때문이에요. 울릉도와 독도는 러시아의 블라디보스토크와 일본의 오키 섬 사이에 있어 러시아 함대의 남하를 막을 수 있었어요.

2. 고종 임금은 1900년 10월 25일 울릉도와 독도를 한데 묶어 어떻게 불렀나요?
    대한제국 강원도 울도군

3. 조선 말, 일본이 제멋대로 독도를 일본 땅으로 편입시켰지만 제대로 항의하지 못한 이유는?
    일본이 1905년의 을사늑약으로 대한제국의 외교권을 빼앗고 곧이어 1910년에는 한일 합방 조약으로 대한제국의 모든 영토를 강제로 점거했기 때문이에요.

5. 해방 후, 연합국 최고사령부가 1946년 6월 22일 내린 지령 제1003호의 내용을 말해 보세요.
    '일본 배와 선원들은 독도 12해리 이내 바다에 들어오지 못한다.' 였어요.

제11장
홍순칠과 독도 의용 수비대

"얘들아, 독도를 미 공군의 폭격 연습장으로 지정한 것이 누구의 요청 때문이었는지 아니?"

할아버지가 독도와 초롱이를 바라보며 이렇게 물었습니다.

독도와 초롱이는 망설이지 않고 대답했습니다.

"미 공군이 독도를 폭격 연습장으로 이용해 왔잖아요. 그러니 당연히 미군의 요청 때문이었겠지요."

"할아버지도 참……. 뻔한 질문을 왜 하세요?"

할아버지가 고개를 가로저었습니다.

"너희들이 틀렸다. 독도를 폭격 연습장으로 지정한 것은 미군의 요청이 아니라 일본 외무성의 요청 때문이었어."

독도와 초롱이는 눈이 휘둥그레졌습니다.

"그, 그게 정말이에요? 폭격 연습을 하는 것은 미군인데, 왜 일본 외무성이 독도를 폭격 연습장으로 사용하기를 원했죠? 도저히 이해가 되지 않아요."

"내 이야기를 잘 들어 보렴. 일본은 독도가 자기네 영토라고 주장해 왔단다. 1905년 일본 땅에 편입됐으니 시마네 현 소속이라는 거지. 제2차 세계 대전이 끝난 뒤 일본은 전쟁에서 졌기 때문에 연합국에 의해 점령당했어. 그런데 점령 기간이 끝나면 독도도 일본 땅이니 예전처럼 시마네 현 소속으로 복귀된다는 거야. 일본은 독도가 미 공군의 폭격 연습장으로 지정되면, 일본의 영토임을 인정받는 셈이라고 생각했지. 그래서 독도를 미 공군의 폭격 연습장으로 지정할 것을 요청했던 것이지."

초롱이가 어이없다는 표정을 지었습니다.

"일본이 참 교활하군요. 독도를 미 공군의 폭격 연습장으로 지정했다가 나중에 자기네 영토로 돌려받을 궁리를 하다니요."

"일본은 한국이 6·25전쟁을 겪는 등 혼란한 틈을 노려 독도에 대한 침범을 계속했단다. 1951년 미군의 독도 폭격 사건으로 희생된 사람들을 위해 세운 위령비를 파괴하는가 하면, 1952년에는 독도에 몰래 들어와 독도가 자기네 영토라고 쓴 팻말을 세워 놓기도 했어. 울릉도 주민들은 이를 보다 못해 '독도 의용 수비대'를 결성하게 된단다. 홍순칠 수비대장을 비롯하여 33명의 수비대원들은 일본의 침략으로부터 독도를 지켜 내기 위해 외로운 싸움을 시작한 것이지. 이번에는 너희들에게 '홍순칠과 독도 의용 수비대' 이야기를 들려주마."

독도 근해는 울릉도 주민들에게는 황금 어장이었지. 바다에는 물고기뿐 아니라 미역, 조개 등 해산물이 풍부했지. 그래서 울릉도 주민들은 독도 근해까지 나가 고기를 잡곤 했어.

그런데 1950년대에 접어들면서 일본 사람들이 독도를 넘보기 시작했어. 그들은 독도에 몰래 들어와 '일본령 다케시마(죽도)'라고 적힌 팻말을 세워 놓았지. 독도가 자기네 섬이라는 팻말이었어.

또한 일본 사람들은 독도 근해에 경비정을 보내 고기잡이하는 어부들을 붙잡았어.

"왜 당신들은 남의 나라에 들어와서 고기를 잡는 거요? 다케시마는 우리 땅이오."

이런 일이 계속되자 울릉도 주민들은 불안했어. 도저히 독도 근해에 나가 고기를 잡을 수 없었지.

그 당시 울릉도에는 홍순칠이라는 젊은이가 살고 있었어. 그는

6·25전쟁이 일어나자 군대에 입대했는데, 원산 전투에서 부상을 입어 고향으로 돌아왔지.

홍순칠은 일본 사람들이 자주 독도를 침범한다는 소식을 듣고는 주먹을 불끈 쥐었어.

'독도는 우리 주민들에게 삶의 터전이다. 독도를 빼앗으려는 저들의 행동을 가만히 지켜보고만 있을 수 없어. 독도는 우리 손으로 지켜야 한다.'

홍순칠은 독도를 지키기 위해 독도 의용 수비대를 만들기로 했어. 그래서 자신처럼 전투에 참여했다가 부상당해 돌아온 상이용사들을 모아 놓고 이렇게 말했지.

"일본이 독도를 자기네 땅이라 우기며 우리 어민들을 독도 근해에서 내쫓고 있어요. 일본이 얼씬도 못하게 우리가 행동으로 보여 줘야 합니다."

"당연히 그래야지요. 우리 땅 독도를 지키는 일에 이 한 몸 바치겠습니다."

상이용사들은 모두 홍순칠의 제의를 기쁘게 받아들였어. 그리하여 상이용사들을 중심으로 독도 의용 수비대가 결성되었지. 이때가 1954년 4월 25일이었어.

처음에 수비대원들은 17명이었어. 홍순칠이 수비대장을 맡았고,

부대장 겸 제1 전투지대장에 서기종, 제2 전투지대장에 정원도를 임명했어. 그러고는 제1 전투지대와 제2 전투지대가 교대로 20일씩 독도에 머물렀지.

이들이 독도에 와서 처음 벌인 일은 1954년 5월 18일, 독도의 동도 절벽 바위에 '한국령'이라는 글자를 새겨 넣은 것이었어. 일본 사람들이 만든 '일본령' 팻말을 없애고 독도가 한국 땅임을 표시해 놓은 거야.

독도 의용 수비대는 일본 경비정과 맞서 싸워야 했지만 무기가 없었어.

그때 홍순칠은 할아버지의 부름을 받고 집으로 갔지. 할아버지 홍재현은 1882년 울릉도 개척령이 내려졌을 때 울릉도에 첫발을 내딘 개척민이었어. 첫해에 16가구 54명이 울릉도에 입주했을 때 가장 많은 8명의 가족을 거느리고 울릉도에 정착했지.

할아버지는 손자 앞에 돈을 내놓으며 말했어.

"독도 의용 수비대를 만들다니 네가 자랑스럽구나. 일본 사람들과 싸우려면 무기가 있어야겠지? 이 돈으로 무기를 사거라."

할아버지는 손자에게 300만 원을 주었어. 당시만 해도 300만 원이면 어마어마하게 큰돈이었지.

"할아버지, 감사합니다. 무기를 구하러 육지로 떠나겠습니다."

홍순칠은 아주 지혜로운 사람이었어. 300만 원을 몽땅 무기를 사는 데 쓰지 않고, 그 돈으로 일단 오징어를 산 거야. 그리고 오징어를 들고 부산에 가서 팔아, 300만 원을 600만 원으로 불렸지. 홍순칠은 이 돈으로 대구에 가서 M1 소총 10정, 칼빈 소총 4정, 권총 2정, 박격포 1문, 기관총 1정, 수류탄 40발 등과 1만여 발의 실탄을 샀단다.

독도 의용 수비대는 독도에 국기 게양대를 만들고, 대원들이 함께 지낼 막사도 지었어. 그리고 무기들을 보관할 무기고를 자연 동굴 안에 마련했지.

홍순칠 대장은 서도 물골에서 샘을 찾아 대원들의 식수를 얻었어. 그리고 식량도 울릉 군수에게 부탁하여 군청에서 보관 중인 구휼미를 지원받았지. 울릉 군수 홍성국은 홍순칠의 6촌 형이었거든.

수비대원들이 독도에 온 지 한 달쯤 된 1954년 5월 23일이었어. 대원 한 사람이 갑자기 소리쳤어.

"대장님! 배 한 척이 우리 섬을 향해 다가오고 있습니다. 배에 일장기가 걸려 있는데요."

"일본 경비정이 나타났구나. 대원들을 모두 모이게 하라!"

홍순칠 대장은 바다를 바라보며 이를 악물었어.

'으음, 드디어 올 것이 왔구나. 우리 섬에 상륙한다면 한 놈도 살려 보내지 않을 것이다.'

홍순칠 대장은 대원들과 함께 일본 경비정의 움직임을 주시했어. 그리고 접근하지 말라고 깃발과 손을 흔들어 신호를 보냈지. 그러자 일본 경비정은 바위에 새겨진 '한국령' 글씨와 국기 게양대의 태극기를 확인하고 뱃머리를 돌려 먼바다로 사라졌단다.

그런데 그다음 날이었어. 하늘에서 비행기 소리가 들려오는 거야. 올려다보니 일본 비행기가 독도를 향해 날아오고 있었어.

"일본 비행기다! 전투 준비를 하라! 비행기가 포격을 하면 조준하여 쏘아라!"

홍순칠 대장이 이렇게 명령하자 대원들은 모두 하늘을 향해 총을 겨누었어.

일본 비행기는 정찰을 나왔는지 독도 상공을 몇 바퀴 돌았어. 그러더니 하늘 저편으로 사라져 버렸지.

일본 정부는 한국 정부에 항의를 해 왔어. 독도에 해적이 상륙해 있다는 것이었지.

그 뒤에도 일본 비행기는 자주 독도 상공에 나타났어. 하루에도 몇 번씩 날아와 정찰을 하는 거야.

하루는 홍순칠 대장이 대원들을 모아 놓고 말했어.

"일본 비행기를 쫓을 방법이 없을까? 대포가 있으면 단번에 쫓아 버릴 텐데."

그때 한 대원이 말했어.

"까짓것, 우리가 대포를 만들어 버려요. 나무도 있고 페인트도 있으니 가짜 대포를 만드는 거예요."

이 대원은 6·25 전쟁 때 고사포 부대에서 근무했었어. 그래서 일주일 만에 대포 모양을 그대로 본뜬 신형 대포를 그럴듯하게 만들었지.

이 가짜 대포를 설치하자 일본 비행기는 두 번 다시 나타나지 않았어. 《킹》이란 일본 잡지엔 이런 기사까지 실렸지.

'독도에 거포 설치. 일본 어선들은 독도에 접근하지 말 것.'

일본 경비정이 망원 렌즈로 찍은 대포 사진도 실렸는데, 수비대원들이 봐도 진짜와 똑같았어.

"하하하, 왜놈들을 감쪽같이 속였어. 일본 비행기가 독도 상공에 얼씬도 안 하잖아."

"그러게 말이에요. 우리가 지략으로 그들을 이겼어요."

홍순칠과 대원들은 가짜 대포를 흐뭇하게 바라보았지.

한 번은 일본 배 한 척이 독도를 향해 다가왔어. 홍순칠 대장과 대원들은 전투태세를 갖추고 일본 배에 접근했는데, 배 안에는 일본 오키 수산 학교 학생들과 교사들이 타고 있었어. 이 배는 오키 수산 학교 실습선으로, 졸업 기념으로 '다케시마(죽도)'를 보러 온 거야.

홍순칠 대장은 그들에게 자기를 따라 애국가를 부르게 한 뒤 이렇게 말했어.

"이 섬은 일본 섬 다케시마가 아니다. 대한민국 땅 독도다. 너희 나라로 돌아가서 이 사실을 꼭 알리고, 다시는 이 근처에 얼씬도 하지 마라!"

독도 의용 수비대를 조직한 홍순칠

홍순칠 대장과 대원들은 일본 배에서 내렸어. 학생들과 교사들을 실은 배는 곧바로 줄행랑을 놓았지.

1954년 11월 21일, 일본 함정 두 척이 독도 근해에 나타났어. 천 톤급의 큰 배였지. 한 척은 남쪽, 다른 한 척은 북쪽에서 독도로 가까이 오고 있었어.

대원들은 배들을 향해 깃발과 손을 흔들어, 접근하지 말라고 신호를 보냈어. 그러나 일본 배들은 여전히 독도를 향해 접근해 오고 있었지.

"안 되겠다. 전투 준비를 하라!"

홍순칠 대장의 명령에 대원들은 기관총과 소총으로 일본 배들을 겨누었어.

홍순칠 대장이 소리쳤어.

"내가 총을 쏘면 이를 신호로 일본 배에 집중 사격하라! 그리고 서기종 부대장은 일본 배를 향해 박격포를 쏘아라!"

일본 배들은 멈추지 않았어. 독도에 상륙하기로 작정한 듯 더 가까이 다가왔어.

홍순칠 대장은 권총 한 발을 쏘았어.

"탕!"

이를 신호로 대원들은 일본 배들을 향해 집중 사격을 가했어.

서기종 부대장은 일본 배를 향해 박격포를 쏘았지. 마침내 다섯 발째 포탄이 일본 배를 명중시켰어. 그 배는 검은 연기를 내뿜으며 뱃머리를 돌려 달아났단다.

"만세! 우리가 이겼다!"

대원들은 줄행랑을 치는 일본 배들을 보며 환성을 질렀어.

이 일에 대해 일본 정부는 한국 정부에 항의했어. 독도 의용 수비대의 공격으로 일본 선원 몇 사람이 부상을 당했다는 거야.

홍순칠 대장은 경무대(이승만 대통령이 거처하던 사저)로 불려갔는데, 이승만 대통령에게 오히려 격려를 받았다는구나.

"잘하셨소. 우리 땅 독도를 침범하는 자는 그 누구도 용서할 수 없소."

홍순칠 대장을 비롯한 33명의 수비대원들은 2년 8개월 동안 독도 수비 임무를 훌륭하게 해냈어. 그러고는 1956년 12월 그 임무를 경찰에 넘겨주었지.

"짝짝짝!"

독도와 초롱이가 박수를 쳤습니다.

"독도 의용 수비대, 정말 자랑스러워요. 군인과 경찰이 아닌데도 자기 나라 영토인 독도를 지키는 일에 발벗고 나서다니요."

"용감하고 멋진 수비대원들이에요. 이들이 없었다면 독도는 아마 일본 땅이 되었을 거예요."
할아버지가 말했습니다.
"할아버지 이야기가 재미있었니? 너희들에게 독도의 역사를 들려주고 나니 독도가 무척 보고 싶구나. 지금쯤 독도는 늠름한 모습을 뽐내며 동해 바다 한가운데에 우뚝 서 있겠지."
"할아버지, 저도 독도가 보고 싶어요. 우리 이제 독도에 가서 살면 안 될까요? 거기엔 우리를 노리는 나카이 같은 강치 사냥꾼도 없고, 미군의 독도 폭격도 없잖아요."
"그래요, 할아버지. 당장 여기를 떠나 독도에 가서 살아요. 우리가 고향을 찾아가면 모두 우리를 보호해 줄 거예요."
할아버지가 고개를 끄덕였습니다.
"좋은 생각이야. 독도에서 살면 얼마나 좋겠니. 어린 시절 떠나온 독도를 나는 한시도 잊어버린 적이 없단다. 독도로 이주하는 문제는 나중에 어른들끼리 상의하기로 하고, 우리끼리 먼저 독도를 다녀오자. 독도가 어떻게 변했는지 궁금하구나. 우리 강치들이 살아도 되는지 자세히 살펴봐야지."
"야, 신난다!"
독도와 초롱이가 소리를 질렀습니다.

"할아버지, 당장 떠나요. 이야기 속의 독도를 직접 눈으로 보고 싶어요."

"저도요. 독도 앞바다에서 헤엄도 치고 고기도 잡고 싶어요."

"오냐, 내일 출발하자꾸나. 꿈에도 그리던 고향 섬인데 한걸음에 달려가야지."

할아버지는 먼 바다로 눈길을 돌렸습니다. 할아버지의 두 눈에는 어느새 눈물이 고여 있었습니다.

이것은 꼭 알아두세요!

1. 독도를 미 공군의 폭격 연습장으로 지정한 것은 누구의 요청 때문이었나요?

   일본 외무성이 요청한 거예요.

2. 일본 외무성은 왜 독도를 미 공군의 폭격 연습장으로 요청했나요?

   연합군은 제2차 세계 대전에서 패전한 일본을 점령해 왔어요. 그런데 일본은 1905년 독도를 시네마 현에 편입시켰기 때문에, 연합군의 점령 기간이 끝나면 독도가 일본 땅으로 복귀된다고 주장했어요. 일본은 독도를 미 공군의 폭격 연습장으로 지정했다가 나중에 자기네 영토로 돌려받을 궁리를 한 거예요.

3. 한국이 6·25전쟁을 겪는 등 혼란이 계속될 때 일본은 독도에 대해 어떤 만행을 저질렀나요?

   1951년 미군의 독도 폭격 사건으로 희생된 사람들을 위해 세운 위령비를 파괴하는가 하면, 1952년에는 독도에 몰래 들어와 자기네 영토라고 쓴 팻말을 세워 놓았어요.

4. 울릉도 주민들은 일본의 만행에 어떻게 대항했나요?

   홍순칠 수비대장을 비롯하여 33명의 수비대원들은 일본의 침략으로부터 독도를 지켜 내기 위해 '독도 의용 수비대'를 조직했어요.

제12장

독도는 어떤 섬인가?
_ 독도의 자연환경 이야기

다음날 날이 밝자 독도와 초롱이는 할아버지와 함께 쿠릴 열도를 떠났습니다.

그들은 독도를 향해 부지런히 헤엄을 쳤습니다.

앞장선 할아버지가 거친 숨을 몰아쉬며 말했습니다.

"힘들고 고단한 여행이 될 거야. 그래도 참아낼 자신이 있지?"

독도와 초롱이가 꼬리를 힘차게 움직이며 말했습니다.

"그럼요. 우리 강치들의 고향을 찾아가는데, 그 정도 고생은 각오해야죠."

"저는 조금도 힘들지 않아요. 독도를 직접 본다고 생각하니 가슴이 설레는걸요. 빨리 독도에 도착했으면 좋겠어요."

"허허, 그렇게 말해 주니 고맙구나. 조급한 마음 가질 것 없다. 워낙 멀어서 며칠 안에 다녀올 수 있는 곳이 아니거든. 서두르지 말고 천천히 가자꾸나."

할아버지 말처럼 쿠릴 열도에서 독도까지는 가까운 거리가 아니었습니다. 끝없이 펼쳐진 망망대해를 며칠 동안 헤엄쳐 가야 했습니다.

지칠 대로 지쳐서 꼬리를 움직일 힘조차 없을 때 독도가 반갑게 소리쳤습니다.

"할아버지, 갈매기 울음소리가 들려요. 이제 섬이 멀지 않았나 봐요."

"그렇구나. 독도가 보이는지 물 밖으로 나가 볼까?"

세 마리의 강치는 바다 위로 올라가 물 밖으로 머리를 내밀었습니다.

순간, 초롱이가 소리쳤습니다.

"저기 좀 보세요! 섬이 보여요!"

"오, 그렇구나. 저 섬이 독도란다. 마침내 독도에 왔어. 이게 얼마만이냐?"

할아버지는 감격하여 목이 메었습니다.

독도는 수평선 위에 외롭게 떠 있었습니다. 두 개의 큰 섬이 눈에 들어왔습니다.

"할아버지, 독도는 동도와 서도, 이렇게 두 개의 섬으로 이루어져 있죠?"

초롱이가 아는 체를 하자 할아버지가 말했습니다.

> 독도에는 이름을 가진 바위가 19개 있다. 이름을 살펴 보면 큰가제바위, 작은가제바위, 김바위, 지네바위, 상장군바위, 삼형제굴바위, 군함바위, 넙덕바위, 미륵바위, 권총바위, 촛대바위, 숫돌바위, 독립문바위, 보찰바위, 얼굴바위, 부채바위, 동키바위, 탱크바위, 촛발바위이다.

"정확하게 이야기하자면 두 개의 큰 섬, 그리고 89개의 작은 바위섬으로 이루어져 있지. 바위엔 가제바위, 권총바위, 구멍바위, 독립문바위 등 여러 가지 재미있는 이름*들이 붙어 있단다."

"앗! 가제바위는 우리 강치들이 머물던 바위죠? 사람들이 강치를 '가제'라고 불러서 가제바위라는 이름을 얻었다고 하셨잖아요?"

"초롱이의 총기가 보통이 아니구나. 가제바위는 서도 북서쪽에 있단다. 독도에 닿으면 그곳에 들러야지."

조용히 듣고 있던 독도가 입을 열었습니다.

"할아버지, 독도는 어떻게 만들어졌어요?"

"하하, 재미있는 이야기가 있지. 들어 볼래? 옛날 동해 바다에는 여러 개의 섬이 있었단다. 그런데 그 가운데 가장 큰 섬에 커다란 용 한 마리가 살고 있었대. 어느 날 용이 갑자기 심술이 나 꼬리로 섬들을 부숴 버렸어. 그래서 울릉도와 독도, 이렇게 두개의 섬만 남았대. 용은 울릉도가 마음에 드는지 '복섬'이라 부르며, 성인봉 꼭대기에 앉아 있다가 하늘로 올라갔다는구나. 이것은 전설 속의 이야기이고, 독도는 지금으로 부터 460만 년 전에서 250만 년 전 사이에 깊은 바다에서 화산이 솟아, 그때 분출한 용암으로 생겨났어. 울릉도가 250만 년 전, 제주도가 120만 년 전에 만들어졌으니 독도는 울릉도와 제주도의 할아버지라 할 수 있지."
독도와 초롱이가 깜짝 놀랐습니다.
"그게 정말이에요? 독도가 울릉도보다 작아 독도의 어머니가 울릉도 같아요."
"독도가 그렇게 나이가 많을 줄 몰랐어요. 섬도 사람처럼 겉만 봐서는 알 수 없나 봐요."
할아버지가 웃었습니다.
"허허, 말 한번 잘했다. 겉으로 보기엔 울릉도가 독도보다 400배나 크지만, 바다 밑에서 보면 오히려 독도가 울릉도보다 두 배 이상 크지. 독도는 높이 2,000미터가 넘는 해산(海山)이란다. 동도와 서도는 거대한 산의 꼭대기인 셈이지. 동도와 서도를 견주어 보면 서도가 동도보다 키가 크지. 동도는 98미터인데 서도는 168미터이거든. 면적도 동도는 2만 평, 서도는 3만 평쯤 된단다. 그래서 서도를 수섬, 동도를 암섬이라 부르고 있어. 두 섬 사이는 110~160미터쯤 떨어져 있고, 수심은 10미터쯤 되지."

마침내 그들은 독도에 도착했습니다. 동도 쪽으로 헤엄쳐 가서 작은 바위 위에 올라갔습니다.

"오, 드디어 다 왔다. 얘들아, 여기가 할아버지의 고향, 독도란다. 웅장한 모습의 바위섬은 여전하구나."

할아버지는 감개무량한 얼굴로 독도를 둘러보았습니다.

독도와 초롱이도 호기심이 가득한 눈으로 주위를 두리번거렸습니다.

"할아버지, 저기 사람들이 모여 있어요. 배에서 내려 섬을 구경하면서 사진을 찍고 있어요. 저곳이 배를 대는 선착장인가 보죠?"

독도가 선착장 쪽을 바라보며 이렇게 말했을 때였습니다.

"흥, 너는 선착장을 처음 보니? 생긴 것처럼 아주 무식하구나."

이런 소리가 들려왔습니다. 독도가 돌아보니 새 한 마리가 바위 위에 올라앉아 자기를 빤히 보고 있었습니다. 독도는 어이없다는 듯 피식 웃었습니다.

"기가 막혀서……. 쬐그만 녀석이 못하는 말이 없네. 감히 이 강치를 모욕해? 독도에 이런 녀석이 살고 있다니 정말 실망스럽네."

초롱이가 끼어들었습니다.

"무슨 새인지 모르겠지만 무척 똑똑하네. 독도가 무식하다는 것을 어떻게 알았지? 할아버지, 이 새의 이름이 뭐죠?"

"괭이갈매기*란다. 독도에서는 어디를 가나 흔히 볼 수 있는 새이지. 해마다 봄이 되면 독도로 떼 지어 날아와서 새끼를 낳고 기르다가, 가을이 오기 전에 동해안 바닷가로 날아가지."

독도가 웃음을 터뜨렸습니다.

"하하하, 괭이갈매기요? 고양이처럼 야옹야옹 우나 보죠? …… 야, 괭이갈매기! 잘난 체하더니 고양이 사촌이었구나? 너 혹시 도둑괭이갈매기 아니니?"

괭이갈매기가 독도를 노려보았습니다.

"네가 나에 대해서 뭘 안다고 떠들어? 까불지 마, 이래 봬도 내가 독도에서 천연기념물 336호로 지정되어 보호받고 있어."

"정말?"

독도가 놀라는 표정을 지었습니다.

"알고 봤더니 귀하신 몸이었구나. 내가 잘못했다. 앞으로 놀리지 않을게. 우리 친하게 지내자."

"그래, 만나자마자 티격태격했지만 우리 친구로 지내자. 내 이름은 야옹이야."

"야옹아, 만나서 반갑다. 독도와 나는 단짝 친구야."

괭이갈매기

몸길이는 46.5cm 정도이지만 양 날개를 펴면 너비가 120cm 정도 된다. 등·어깨깃·날개 윗면은 푸른빛이 도는 짙은 회색이고 눈 주위는 붉다. 우리나라에서 일 년 내내 볼 수 있는 흔한 텃새로서 주로 동·서해안과 남해의 무인도에서 집단 번식한다.

울 때 '야오, 야오' 하며 고양이 소리를 낸다 하여 괭이갈매기란 이름이 붙었다. 작은 나뭇가지, 풀, 해조류, 깃털 등으로 둥지를 틀고 둥지 주변에 세력권을 설정하여 엄격한 방어를 한다. 알은 한 배에 대개 2개이고, 색깔은 녹갈색, 연한 청갈색 등인데, 어두운 색깔의 무늬와 회색 반점이 있다. 천연기념물로 지정된 괭이갈매기 번식지로는 충청남도 태안군 근흥면 가의도리 일원이 제334호로, 경상남도 통영시 한산면 매죽리 홍도 일원이 제335호로, 경상북도 울릉군 울릉읍 도동리 독도 일원이 제336호로, 경기도 인천 옹진군 북도면 장봉리 신도 전역이 제360호로, 전라남도 영광군 낙월면 송이리 일원이 제389호로 각각 지정되어 보호받고 있다.

우리 셋이서 친하게 지내자."

독도와 초롱이와 야옹이는 서로 인사를 나누었습니다.

할아버지가 환하게 웃었습니다.

"잘됐다. 야옹이가 독도에서 살고 있으니 안내를 부탁해야겠어. 난 너무 오랜만에 독도에 와서 어떻게 변했는지 잘 모르거든."

야옹이가 쾌활하게 말했습니다.

"당연히 제가 모셔야지요. 먼저 무엇부터 보여 드릴까요?"

"저기 선착장(배를 대는 곳)이 있는데 언제 지은 거니?"

할아버지가 묻자 야옹이가 대답했습니다.

"동도에 있는 저 선착장은 1997년에 지어졌어요. 길이 80미터의 주 부두와 20미터의 간이 부두가 있지요. 이 선착장으로 하루에 두 번씩 울릉도에서 출발한 유람선(관광이나 유람용으로 사용되는 여객선)이 들어오는데, 1회에 470명, 1일 1,880명만 독도 땅을 밟을 수 있어요. 하지만 울릉도와 독도 사이 항로는 파도가 높아 출항하지 못하는 날이 많아요. 독도까지 유람선을 타고 와도 파도가 높아 배를 대지 못하는 경우도 많고요."

초롱이가 동도 꼭대기를 가리키며 물었습니다.

"저기 꼭대기에 있는 하얀 건물이 등대★지? 그 옆에 있는 것이 독도 경비대 건물인가?"

독도 등대
밤중의 연안 뱃길을 안전하게 안내하는 표지가 되도록 해안에 세우고 등불을 켜 놓는 탑 모양의 건물이다. 하지만 독도 근해는 러시아 나홋카나 블라디보스토크에서 부산항을 오가는 화물선 정도가 불빛을 바라볼 뿐, 선박 통행이 별로 없다. 독도 등대는 영토 수호적인 목적이 가장 크다.

"응, 그래. 현재 독도에는 15미터 높이의 등대와 독도 경비대 숙소, 헬기장 등이 있어. 동도 꼭대기가 비교적 평퍼짐해 거기에 자리 잡고 있지."

"할아버지에게 독도 의용 수비대 이야기를 들었는데, 지금은 경찰 소속의 독도 경비대 아저씨들이 독도를 든든하게 지켜주고 있구나."

야옹이가 말했습니다.

"경비대 아저씨들은 우리 괭이갈매기들에게도 고마운 분들이야. 엄마 잃은 괭이갈매기들을 보면 먹이를 주시거든. 마음씨 착한 아저씨들이지."

"그렇구나. 그런데 독도에는 너희들 말고 어떤 새들이 있니?"

"독도는 철새들이 며칠씩 쉬어 가기에 좋은 곳이야. 한반도와 일본 열도 사이에 있어 동해 바다를 건너는 새들에게는 최고의 정거장이지. 그래서 바다제비·슴새·황조롱이·물수리·노랑지빠귀·흰갈매기·흑비둘기 등이 서식하고 있어."

독도에 이어 초롱이도 질문을 했습니다.

"독도에는 어떤 곤충들이 있니?"

"응, 잠자리·매미·나비·메뚜기·노린재, 잎벌레 등이 있지. 특히 독도에서만 발견되는 희귀종으로 긴발벼룩잎벌레·남방남색꼬

리부전나비 등이 있어. 독도에는 육지에서 데려온 삽살개 말고는 포유류 동물이 없단다."

조용히 듣고 있던 할아버지가 입을 열었습니다.

"혹시 깔따귀라고 들어 봤니? 독도에서는 악명 높은 놈인데. 모기와 비슷하게 생겼지."

"그럼요. 깔따귀를 모르면 독도에 산다고 말할 수 없죠. 밤새 물어뜯어 사람들이 잠을 못 잘 정도라면서요?"

"물론이지. 깔따귀에게 물리면 온몸이 가렵고, 퉁퉁 부어올라 물집까지 생기지. 독도 의용 수비대원들은 이놈들에게 호되게 당해, 아침에 해가 뜨면 모두 알몸으로 바닷물에 뛰어들었대. 바다를 드나들며 햇볕에 피부를 단련하려고 말이야. 그랬더니 나중에 깔따귀에 물려도 견딜 만큼 피부가 강해졌다는구나."

초롱이가 야옹이에게 또 물었습니다.

"독도에는 어떤 식물이 있니?"

"독도는 바닷바람이 강하고 토질이 척박해 식물이 자라기 힘든 곳이야. 그래서 바위틈에서 겨우 살아가는 풀이 대부분이지. 독도에서 자라는 식물은 60여 종이야. 풀 종류로는 민들레, 술패랭이, 괭이밥, 해국, 참나리, 섬기린초, 구절초, 참쑥 등이 있고, 나무 종류로는 동백나무 · 해송 · 사철나무 · 보리밥나무 등이 있지. 나무들

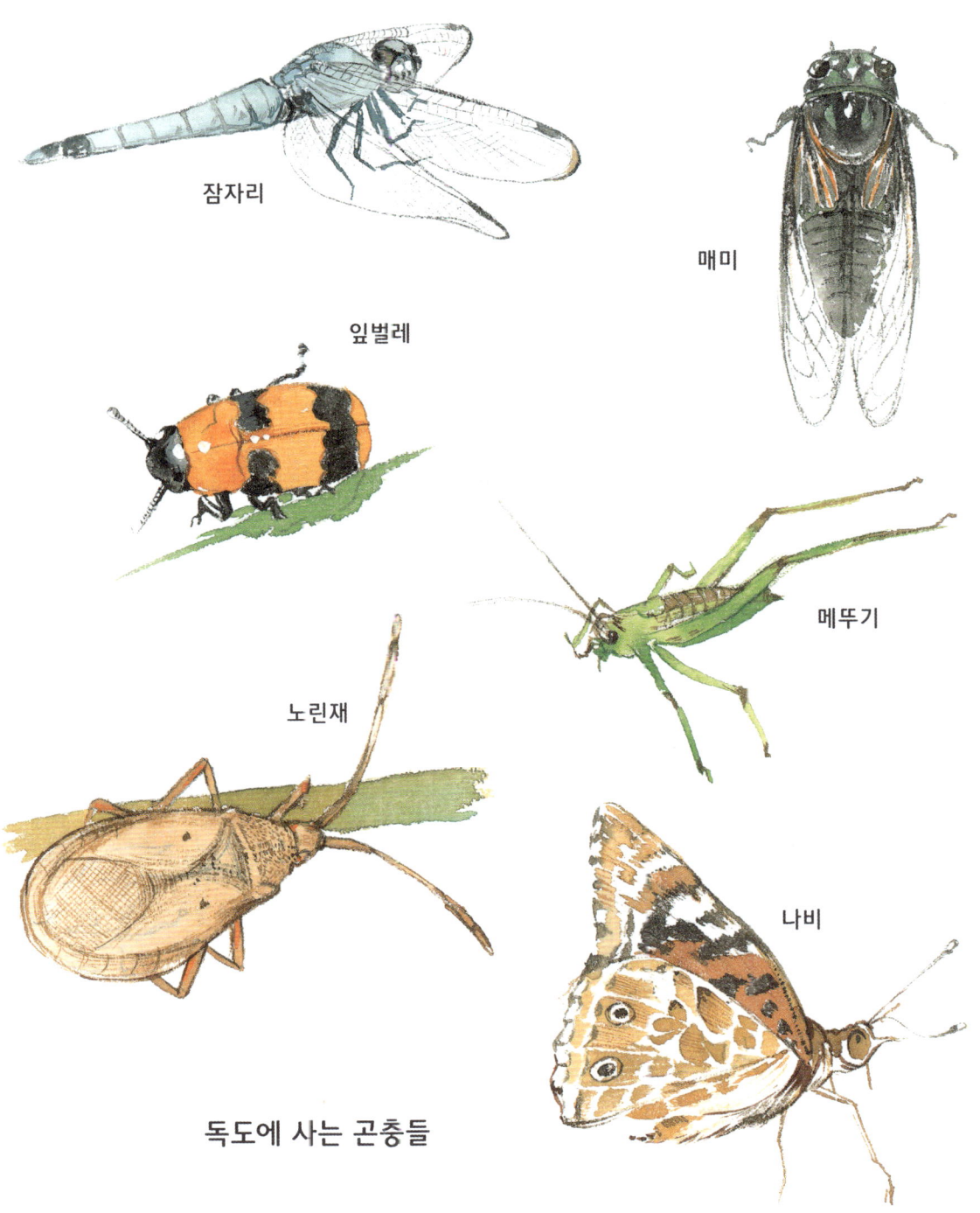

은 '푸른 독도 가꾸기 모임', '한국자생식물협회', '독도사랑회', '울릉애향회', '울릉산악회'등 여러 민간단체에서 심은 것들이 그나마 자라고 있어."

할아버지가 웃으며 말했습니다.

"야옹이가 독도에 살아 아는 것이 많구나. 나도 한 가지 물어봐야겠다. 요즘 독도 근해에는 어떤 물고기들이 사니?"

"많은 물고기들이 떼 지어 모여들지요. 오징어·꽁치·방어·복어·문어·붕장어·가자미·도루묵·전어·임연수어·우럭·대게 등이 많아요. 또한 바위마다 미역·다시마·김·파래 등이 많이 붙어 있고, 바다 밑에는 전복·소라·멍게·해삼 등이 아주 많이 살고 있지요."

"훌륭해. 아주 훌륭해. 야옹이가 독도에 대해 공부를 많이 했구나. 어디서 그렇게 독도에 대해서 배웠니?"

"실은 울릉도에 있을 때 도동에 있는 독도박물관에 자주 놀러갔어요. 거기서 보고 듣고 배운 것들이에요."

"그랬구나. 야옹이 정도 실력이라면 독도에서 관광 안내원을 해도 되겠는걸. 자, 이제 슬슬 가제바위 쪽으로 가 보자."

괭이갈매기가 앞서 날아가고, 세 강치가 그 뒤를 따라 바다를 헤엄쳐 갔습니다.

동도와 서도 사이에는 여러 개의 바위가 있었는데, 독도가 그 가운데 한 바위를 가리키며 물었습니다.

"할아버지, 저 바위 이름이 뭐예요?"

"응, 저 바위는 장군바위란다. 독도를 지키는 장군처럼 보이지?"

"정말 그렇네요. 바위 꼭대기가 꼭 장군의 투구 같아요."

그때 초롱이가 한 바위를 가리키며 말했습니다.

"장군바위 옆에 있는 바위에는 굴이 뚫려 있네요."

"저 바위는 삼형제굴바위란다. 얼핏 보면 의좋은 삼형제가 서로 껴안고 있는 것 같지?"

"예, 할아버지. 삼형제바위 맞은편에 있는 섬이 서도죠? 그런데 서도에 날카롭게 솟은 봉우리가 있네요."

"저 봉우리가 바로 옛날 남자들이 머리에 쓰던 탕건을 닮았다 하여 탕건봉이라 불리고 있지."

"하하, 탕건봉이요? 재미있네요."

세 강치는 탕건봉 앞을 지나 가제바위에 이르렀습니다. 가제바위는 방바닥처럼 넓고 평평했습니다. 할아버지는 바위 위에 오르며 감격에 젖어 소리쳤습니다.

"오, 드디어 고향집에 왔구나. 어린 시절 내가 뛰어놀던 곳에……."

독도와 초롱이도 가제바위에 앉고 야옹이도 내려앉았습니다.

할아버지가 물기 젖은 목소리로 말했습니다.
"이 가제바위와 그 주변은 우리 강치들로 가득했지. 울릉도 어부들은 멀리서 우리를 보고 신선으로 여겼다던데……. 그 많던 강치들은 다 어디로 가고, 이렇게 파도 소리만 쓸쓸히 섬을 지키고 있으니……."
할아버지는 가제바위 주위를 둘러보다가 마침내 눈물을 쏟고 말았습니다.

이것은 꼭 알아두세요!

1. 독도는 언제 어떻게 만들어진 섬인가요?
    지금으로부터 460만 년 전에서 250만 년 전 사이에, 깊은 바다에서 화산이 솟아 그때 분출한 용암으로 생겨났어요.

2. 독도는 조그마한 섬 같지만 사실 어마어마하게 큰 섬이에요. 왜 그런지 말해 보세요.
    겉으로 보기엔 울릉도가 독도보다 400배 크지만, 바다 밑에서 보면 오히려 독도가 울릉도보다 두 배 이상 커요. 독도는 높이 2,000미터가 넘는 해산이기 때문이에요.

3. 봄이 되면 독도로 날아와 새끼를 낳고 기르다, 가을이 오기 전에 동해안 바닷가로 날아가는 새의 이름은?
    괭이갈매기

4. 현재 독도를 든든하게 지키고 있는 분들은 누구인가요?
    독도 경비대 아저씨들이에요.

5. 독도에서는 왜 식물이 잘 자라지 못하나요?
    바닷바람이 강하고 토질이 척박하기 때문이에요.

제13장
독도를 지킨 사람들

"이 아름다운 섬을 둘러보니 생각나는 분들이 있어요."
초롱이가 입을 열었습니다.
"조선 어부 안용복이나 독도 의용 수비대 홍순칠 대장 같은 분들이요. 이분들이 없었다면 독도는 어떻게 되었을까요? 아마 지금쯤 일본 땅이 되어 있겠죠? 이분들이 목숨을 걸고 독도를 지켜왔기에 독도가 대한민국 땅으로 남아 있는 거라는 생각이 들어요."
"저도 초롱이와 생각이 같아요. 안용복·홍순칠 같은 독도 지킴이들이 있었기에 독도가 대한민국의 막내 섬으로 존재할 수 있었겠지요. 그런데 한 가지 궁금한 것이 있어요. 홍순칠 대장 이후에 독도를 지키기 위해 자신의 모든 것을 바친 분들이 있었나요?"

독도가 이렇게 묻자 할아버지가 난처한 표정을 지었습니다.

"글쎄다. 나는 오래 전에 독도를 떠나와서 어떤 분들이 독도를 지키기 위해 애썼는지 모르겠어. 참! 이 문제에 대해서는 야옹이가 답해 주면 되겠다."

할아버지의 말에 야옹이가 입을 열었습니다.

"예, 할아버지. 독도를 지키기 위해 애쓴 분들이 여럿 있지만 저는 두 분만 소개해 드릴게요. 최초의 독도 주민 최종덕 할아버지와 초대 독도박물관장 이종학 할아버지예요. 최종덕 할아버지는 어부로서 독도에 살면서 독도를 지켰고, 이종학 할아버지는 평생을 두고 수집한 독도 관련 자료들을 아낌없이 내놓아 독도박물관을 세웠지요. 두 분이 어떻게 독도를 지켰는지 이야기할 테니 한번 들어 보실래요?"

야옹이는 잠시 말을 멈췄다가 이야기를 시작했습니다.

최종덕 할아버지는 고향이 대구예요. 결혼하여 울릉도로 들어와 살았지요.

최종덕 할아버지가 독도에 처음 들어간 것은 1965년 3월이었어요. 울릉도 주민으로서 미역과 전복을 따는 공동 어장 수산물 채취를 위해서였지요. 이때 독도가 수산물이 풍부한 황금 어장임을 알고 울릉

도와 독도를 오가며 살게 되었대요. 10월부터 이듬해 여름까지 독도에서 지내고, 여름부터 9월까지는 울릉도와 독도를 들락거렸지요.

최종덕 할아버지는 서도에 집을 짓고 살았어요. 슬레이트 지붕을 얹은 시멘트 가옥이었어요. 배를 댈 수 있는 시멘트 선착장도 만들었지요.

최종덕 할아버지는 역사상 처음으로 독도에 들어가 살았던 사람이에요. 1981년 10월 14일에는 집주소를 울릉도에서 독도로 옮겼어요. 그리하여 최초의 독도 주민이 되었지요.

최종덕 할아버지가 독도에서 살 수 있었던 것은 물골의 샘을 찾아냈기 때문이에요. 홍순칠 대장이 발견한 샘이었는데, 물골은 그의 집에서 뒤편 절벽을 넘어야 찾아갈 수 있었어요. 따라서 물 한 번 떠오려면 목숨을 걸어야 했지요.

최종덕 할아버지는 생각다 못해 물골로 가는 계단을 만들었어요. 서도 정상을 향해 뻗은 998개의 계단을 쌓는 작업은 독도 최대의 공사였지요.

물골의 샘에서는 하루 1드럼의 물이 나왔어요. 저장 탱크를 만들어 12드럼쯤의 물을 보관할 수 있어, 독도에 들르는 오징어잡이 울릉도 어부들도 식수로 쓸 수 있었지요.

최종덕 할아버지는 사람이 살지 않는 무인도 독도를, 사람이 살 수

최종덕 할아버지는 물골의 샘을 찾아냈어요.
그 물은 어떻게 고인 걸까요?

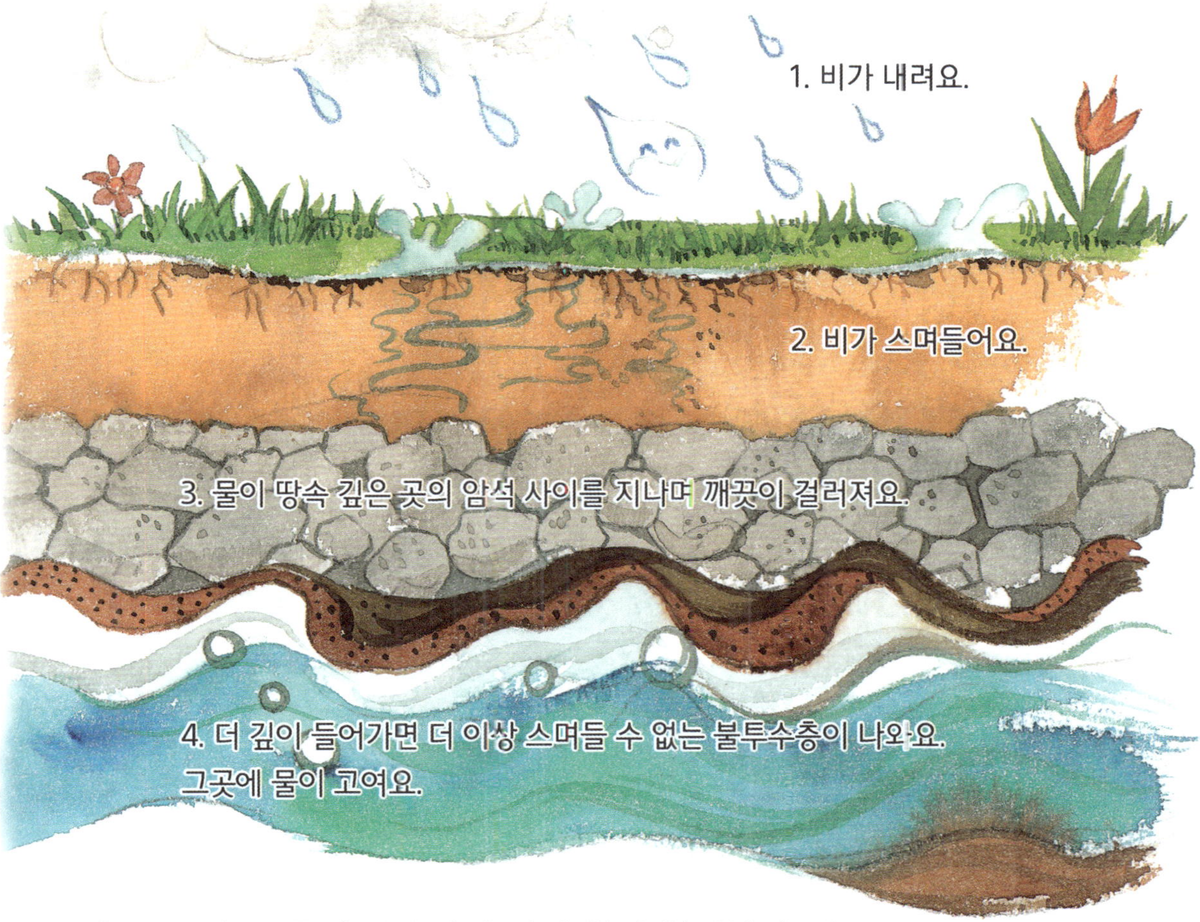

1. 비가 내려요.

2. 비가 스며들어요.

3. 물이 땅속 깊은 곳의 암석 사이를 지나며 깨끗이 걸러져요.

4. 더 깊이 들어가면 더 이상 스며들 수 없는 불투수층이 나와요. 그곳에 물이 고여요.

물은 소중해요. 물이 부족하면 어떤 일이 일어날까요?

1~3% 부족: 심한 갈증을 느껴요.   5% 부족: 혼수 상태에 빠져요.   12% 부족: 사람이 죽어요.

있는 섬으로 바꿔 놓은 분이에요.

최종덕 할아버지는 일본이 독도를 자기네 땅이라고 우겨서 나라가 시끄러울 때마다 이런 말을 했다고 해요.

"내가 이 섬에 버젓이 살고 있는데 웬 호들갑이야? 우리 땅은 총칼로만 지키는 게 아니야. 사람이 들어가 살아야 비로소 우리 땅이 되는 거지."

최종덕 할아버지가 들어가 산 것도, 단 한 사람이라도 우리 주민이 독도에 살고 있다는 증거를 남기기 위해서였지요.

최종덕 할아버지가 세상을 떠난 것은 1987년 9월 23일이었어요. 그 뒤 사위 조준기 씨가 몇 년 동안 살다가 울릉도로 건너갔고, 그 후 김성도 할아버지 부부가 1991년 11월 17일부터 살았어요. 할아버지가 2018년 10월 21일 돌아가셔서 지금은 할머니와 딸, 그리고 사위인 김경철 씨가 함께 살고 있어요. 이들은 모두 독도에 살면서 독도를 지켜 낸 분들이지요.

그에 비해 이종학 할아버지는 독도박물관을 세워 역사적 증거물로 독도를 지켜 낸 분이에요.

이종학 할아버지는 경기도 화성이 고향이에요. 여덟 살 때 아버지가 돌아가셔 할아버지가 길러 주셨지요.

이종학 할아버지는 어렸을 때부터 책을 좋아했어요. 무슨 책이든

손에 들면 끝까지 읽는 버릇이 있었지요. 어른이 되어서도 그 버릇은 사라지지 않았어요. 할아버지는 책을 늘 곁에 두고 읽으려고 서점을 차렸을 정도였지요.

이종학 할아버지는 1955년 종로 5가에서 반 년 동안 '권독 서당'을 운영했어요. 그러고는 서점을 신촌으로 옮겨 '연세서림'을 경영했지요. 그런데 그때 연세대 도서관에서는 옛 책을 한꺼번에 사들이고 있었어요. 할아버지는 연세대 도서관에 옛 책을 공급하면서 옛 책과 역사에 눈을 뜨기 시작했다고 해요.

이종학 할아버지가 관심을 가진 것은 독도와 충무공 이순신과 일제 강점기 역사였어요. 할아버지는 40여 년 동안 방대한 자료를 모았어요. 그래서 그 많은 자료들을 독립기념관 · 동학혁명기념관 · 현충사 등에 기증했답니다.

할아버지가 특히 열성적으로 모은 자료는 독도에 관한 것이었어요. 자료를 찾으려고 일본을 50여 차례나 방문했을 정도였지요.

할아버지는 그렇게 평생을 바쳐 모은 독도에 관한 책, 신문, 잡지 등 512점의 자료를 내놓아 1997년 8월 8일 독도박물관을 세웠어요. 이 독도박물관은 1995년 광복 50주년을 맞이하여 울릉군이 내놓은 땅에 삼성문화재단이 2년에 걸쳐 완공한 지하 1층, 지상 2층의 건물이에요. 이종학 할아버지는 독도박물관의 초대 관장을 맡았지요.

이 박물관에는 독도가 한국 땅임을 증명해 주는 각종 지도, 역사 자료, 독도 의용 수비대의 활약상, 독도의 자연과 생태까지 다양하게 전시되어 있어요. 독도박물관을 관람하고 나면 독도가 과연 어느 나라 땅인지 확실히 알 수 있을 거예요.

이종학 할아버지는 2002년에 돌아가셨는데, 『일본의 독도 정책 자료집』을 발간했어요.

할아버지는 이 책을 세계의 권위 있는 학자들과 학술 기관, 도서관 등에 보내, 독도가 한국 땅임을 알리는 일에 발벗고 나섰지요. 돌아가시기 전까지 독도를 지키는 일에 최선을 다하신 거예요.

한반도 동쪽 바다를 한국에서는 '동해', 일본에서는 '일본해'라 부르고 있어요. 그리고 국제 사회에서도 동해를 '일본해'라 부르고 있는데, 그것은 1919년 런던에서 열린 국제 수로 회의 때 세계 해양 지도를 만들면서 일본이 제출한 해양 지도를 택했기 때문이에요. 당시에 한국은 일본의 식민지였기에 이 국제 수로 회의에 참석하지 못했지요.

이종학 할아버지는 국제 사회에서 일본해라 불리는 동해를 '조선해'로 불러야 한다고 주장했어요. 한국의 자료뿐 아니라 일본의 자료에서도 불과 1세기 전에는 동해를 '조선해'로 표기했기 때문이에요. 할아버지가 찾아낸 《대일본수산회보》 1907년 9월호(제301호)에는 동해를 조선해로 부르고 있고, 1883년 6월 조선과 일본이 체결한 '조일 통상 장정' 41조에도 동해를 조선해로 표기하고 있다는 거예요.

  한국측에서 독도가 우리 땅임을 떳떳하게 밝힐 수 있는 것은 이종학 할아버지가 독도에 관한 믿을 만한 증거 자료를 많이 찾아냈기 때문이에요. 이종학 할아버지는 역사적 증거물로 독도를 지켜낸 분이랍니다.

이것은 꼭 알아두세요!

1. 역사상 처음으로 독도에 들어가 산 사람은 누구입니까?
   최종덕 할아버지

2. 최종덕 할아버지가 독도에서 살 수 있었던 것은 무엇을 찾아냈기 때문인가요?
   물골의 샘을 찾아냈기 때문이에요. 물골은 그의 집에서 뒤편 절벽을 넘어야 찾아갈 수 있었어요.

3. 지금은 누가 독도를 지키며 살고 있나요?
   김성도 할아버지가 2018년 10월 21일 돌아가신 후 할머니와 딸, 그리고 사위인 김경철 씨가 함께 살고 있어요.

4. 자료를 수집하여 역사적 증거물로서 독도를 지켜낸 분은?
   이종학 할아버지

제14장

독도는 대한민국 땅이다

"할아버지와 야옹이에게 독도에 관한 이야기 잘 들었어요. 일본은 걸핏하면 독도를 자기네 땅이라고 우긴다면서요? 제가 이제까지 들은 이야기를 곰곰이 따져 보아도 독도는 대한민국 땅이 틀림없는데요."

초롱이가 이렇게 말을 꺼내자 할아버지가 입을 열었습니다.

"일본은 독도를 죽도(다케시마)라 부르며 일본 영토라고 주장하고 있지. 그 근거로 내세우는 것이, 1905년 일본이 주인 없는 땅인 독도를 자기네 땅으로 편입했다는 거야. 그러니까 내각 회의에서 독도를 일본 영토로 삼기로 결정했던 1905년 1월 28일 이후로는 자기네 땅이라는 거지."

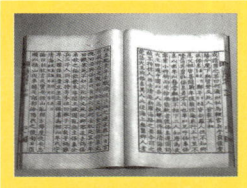

삼국사기 (三國史記)
고려 인종 23년(1145)에 김부식 등이 왕명으로 편찬한 역사책. 신라, 백제, 고구려 세 나라의 개국에서 멸망까지의 역사를 기록했다.

삼국유사 (三國遺事)
고려 충렬왕 11년(1285)에 일연이 쓴 역사책. 신라, 백제, 고구려 세 나라의 사적을 적고 있으며 특히 신화, 전설, 설화, 시가 등이 풍부하게 수록되어 있다.

세종실록지리지
조선의 제4대 왕인 세종의 재위 기간 동안의 역사를 기록한 〈세종장헌대왕실록 世宗莊憲大王實錄〉에 수록된 전국 지리지로 1454년(단종 2)에 완성되었다. 편의상 〈세종실록〉이라 부르는 163권 154책 가운데 지리지는 권 148~권 155의 8권 8책에 해당하며, 328개 군현의 지지(地志)가 기록되어 있다.

독도가 흥분하여 목소리를 높였습니다.
"그런 억지가 어디 있어요? 독도가 주인 없는 땅이라니요? 독도는 서기 512년(신라 지증왕 13년) 신라 장군 이사부가 우산국을 정벌하면서 한국의 영토가 되었는데요."
할아버지가 흐뭇하게 웃었습니다.
"우리 독도가 할아버지 이야기를 한 귀로 듣고 다른 한 귀로 흘리지 않았네. 정확하게 기억하고 있는걸. 그래, 네 말대로 독도는 512년부터 한국의 영토가 되었지. 그 내용은 역사책인 『삼국사기』★와 『삼국유사』★에 그대로 기록되어 있어. 또한 독도가 한국의 영토임은 15세기 중엽에 씌어진 『세종실록지리지』★에서도 확인할 수 있어. 그 책에는 '우산(독도)과 무릉(울릉) 두 섬이 현(울진현)의 바다 가운데 있다. 서로 멀지 않아 날씨가 맑으면 바라볼 수 있다. 신라 때 우산국이라 불렀다.'라고 기록되어 있거든."
초롱이가 말했습니다.
"『세종실록지리지』야말로 독도가 한국의 영토임을 밝혀 주는 확실한 증거 자료네요."

"조선이나 일본에서 만들어진 옛날 지도를 보아도 독도를 한국 영토로 표시해 놓았어. 1463년에 만들어진 「조선지도」· 「조선증도」에 울릉도·독도가 그려져 있고, 1530년에 만들어진 『신증동국여지승람』★에 첨부된 「팔도총도」에 독도를 우산도로 표기해 놓았단다. 그리고 일본 사람 하야시헤이가 1785년 만든 「삼국접양지도」, 「대일본지도」에는 나라별로 색을 칠하면서 조선은 황색, 일본은 녹색으로 나타냈어. 그런데 울릉도와 독도는 황색으로 칠하여 조선의 영토임을 표시했고, 두 섬 옆에 '조선의 것으로'라는 글자까지 적어 넣었지. 이것만 보더라도 일본에서도 옛날에 독도를 한국 땅으로 인정하고 있었음을 알 수 있겠지?"

독도가 말했습니다.

"그런 확실한 증거 자료도 있지만, 독도가 일본 땅보다 한국 땅에 더 가깝지 않나요?"

"물론이지. 일본의 오키 섬에서 독도까지는 160킬로미터쯤 떨어져 있는데 비해 한국의 울릉도에서 독도까지는 92킬로미터쯤 떨어져 있거든. 그리고 『세종실록지리지』에 기록되어 있듯이 날씨가 맑으면 울릉도에서는 독도를 볼 수 있지만, 오키 섬에서는 너무 멀어

> **신증동국여지승람**
> 중종 25년(1530) 중종의 명에 의해 이행(李荇)·윤은보(尹殷輔)·신공제(申公濟) 등이 펴낸 지리서. 전국을 경도, 한성부, 개성부, 경기, 충청도, 경상도, 전라도, 황해도, 강원도, 함경도, 평안도 등 도·군별로 조목에 따라 서술하였다. 지방 사회의 모든 면을 백과사전식으로 정리한 서적으로, 조선 전기의 지리, 정치, 경제, 역사, 행정, 군사, 사회, 민속, 예술, 인물을 이해하는 데 중요할 뿐만 아니라, 지방 문화를 살리는 자료로도 활용 가치가 높다.

독도를 볼 수가 없지. 이런 점만 보더라도 독도가 일본 땅이 아닌 한국 땅임을 알 수 있겠지?"

초롱이가 말했습니다.

"일본 시마네 현 지사가 '독도를 오키도사의 소속으로 정한다.'고 고시한 것을 '시마네 현 고시 제40호'라 하셨죠?"

"옳지, 일본은 이 '시마네 현 고시 제40호'로 주인 없는 땅을 일본 영토로 편입했다고 주장하고 있어. 그러나 이것은 법적으로 효력이 없단다. 독도는 주인 없는 땅이 아니라 주인 있는 땅이거든. '시마네 현 고시 제40호'가 나오기 5년 전인 1900년 10월 25일에 이미 대한제국의 고종 황제는 '울릉도, 독도, 죽도 등을 한데 묶어 울도군을 만든다.'는 칙령 제41호를 대외에 공포했단 말이야. 따라서 '시마네 현 고시 제40호'는 국제법상 불법인 것이지. 그리고 '주인 없는 땅을 자기 나라 땅으로 편입한다.'고 고시할 때는 전 세계에 널리 알려야 해. 하지만 일본은 '회람'이라는 도장을 찍어 담당자들끼리만 돌려보았을 뿐이란다. 그렇게 쉬쉬해서 대한제국 정부도 1년 2개월이 지난 뒤까지도 전혀 그 사실을 몰랐던 거야. 그러니 '시마네 현 고시 제40호'가 불법이라는 거야."

야옹이가 말했습니다.

"그런 엉터리 고시를 해 놓은 일본 시마네 현은 '시마네 현 고시

100주년'을 기념한다고 2005년 '다케시마의 날'을 선포했어요. '독도는 일본 땅'이라고 TV 광고까지 하면서요. 자기들은 '시마네 현 고시'가 정당하다는 거지요."

할아버지가 혀를 끌끌 찼습니다.

"쯧쯧, '다케시마의 날'을 선포한다고 해서 누가 독도를 일본 땅으로 인정해 줄 줄 아나? 차라리 손바닥으로 해를 가리지."

"정말 딱하네요. 일본이 그렇게 떼를 쓰며 자기네 땅이라고 주장하는 이유가 무엇일까요? 무슨 속셈이 있을 것 같은데요."

야옹이가 말했습니다.

"초롱이가 정확히 지적했네. 물론 속셈이 있지. 일본 사람들을 흔히 '경제적 동물'이라고 부르잖니. 그들이 독도를 자기네 땅이라고 거듭거듭 주장해 온 것은, 독도를 통해 경제적인 이득을 엄청나게 얻으려는 속셈 때문이지.

독도 근해에는 전복, 소라, 해삼, 멍게가 어찌나 많은지, 따는 것이 아니라 그냥 주워 담을 수 있을 정도란다. 일본이 독도를 포기하지 않고 자기네 땅이라고 끈덕지게 주장하는 첫 번째 이유가 독도 주변 바다가 황금 어장이기 때문이지.

일본이 독도를 자기네 땅이라고 우기는 두 번째 이유는 군사적 가치가 높기 때문이야. 러일전쟁 때 일본이 강국 러시아와 싸워 이길

수 있었던 것은 울릉도와 독도에 망루를 세워 러시아 함대의 움직임을 면밀히 파악했기 때문이지. 그 결과 무적을 자랑하는 러시아 함대를 무찌를 수 있었던 거야. 독도는 지금도 주변국들과의 교통을 이어 주는 중요한 항로라는 점에서 군사적인 중요성이 매우 크단다. 군사 대국을 꿈꾸는 일본으로서는 이런 군사적인 가치 때문에 독도 탈취를 꾀하는 것이 어쩌면 자연스러운 일인지도 모르지.

세 번째 이유는 경제적 가치가 높기 때문이란다. 독도 바다 밑에는 하이드레이트라는 높은 열량의 에너지 자원이 되는 천연 가스가 엄청나게 묻혀 있거든.

네 번째 이유는 독도가 세계적인 지질 유적이기 때문이야. 독도는 바다 밑 지각 활동으로 솟구친 용암이 오랜 세월에 걸쳐 굳어지면서 생긴 화산성 해산이지. 해저산이 수면 위로 봉우리를 드러낸 것은 극히 드문 경우라고 해. 이렇게 중요하고 희귀한 지질 유적이니 일본이 탐낼 만도 하겠지.

이렇게 네 가지 이유로 해서 일본은 억지인 줄 알면서도 독도를 끈질기게 물고 늘어지는 거란다."

할아버지가 웃으며 말했습니다.

"야옹이가 일본이 독도를 탐내는 진짜 이유를 잘 정리해서 말해 주었네. 고맙구나. 야옹이 덕분에 요즘 일본이 어떤 속셈을 갖고 있는지 알게 되었어."

야옹이가 부끄러운 듯 얼굴을 붉혔습니다.

"별말씀을요. 저는 독도박물관에서 주워들은 것을 그냥 이야기했을 뿐인데요."

"허허, 야옹이는 독도나 초롱이보다 겸손한걸. 아주 어른스러워. 다음에 우리 강치들이 독도로 이주해 오면 야옹이가 잘 돌봐 주면 좋겠어."

독도와 초롱이가 동시에 외쳤습니다.

"할아버지! 우리 강치들이 진짜 독도로 돌아와 살 건가요?"

"물론이지. 강치들에게 독도만큼 살기 좋은 곳이 또 어디 있겠니? 이번에 독도에 와서 결심했다."

"만세! 우리는 이제 우산국 백성이 되는 거로군요!"

"우산국 백성? 허허, 그렇지. 우리 강치들만 모여 사는 곳이니 여기를 예전처럼 우산국이라 해도 괜찮겠어."

독도가 뻐기듯이 말했습니다.

"그럼 내가 우산국 임금이네. 독도라는 이름을 가진 것은 오직 나 혼자뿐이니까."

"제발 나서지 마라. 네 머리로 신라 장군 이사부를 무슨 수로 막니? 넌 나무 고양이를 봐도 벌벌 떨다가 항복할걸."

"뭐, 어쩌고 어째? 초롱이 너 때문에 기분 나빠서 임금 노릇 못하겠다. 차라리 난 독도의 수문장이 되겠어. 일본이 호시탐탐 독도를 노리니 내 손으로 지켜야지."

할아버지가 웃으며 말했습니다.

"하하, 독도가 오랜만에 쓸 만한 말을 했네. 독도의 수문장이라, 좋지. 우리 손자 덕분에 발 뻗고 잘 수 있겠네. 물론 독도를 지키느라 피곤하다고 손자 녀석이 먼저 잠들겠지만……."

할아버지의 말에 모두 깔깔대고 웃었습니다.

가제바위 쪽으로 몰려오던 파도도 손뼉을 치며 따라 웃었습니다.

이것은 꼭 알아두세요!

1. 일본은 '시마네 현 고시 제40호'로 주인 없는 독도를 일본 영토로 편입했다고 주장하고 있어요. 하지만 이것은 왜 법적으로 효력이 없나요?
   '시마네 현 고시 제40호'가 나오기 5년 전인 1900년 10월 25일에 이미 대한제국의 고종 황제는 '울릉도, 득도, 죽도 등을 한데 묶어 울도군을 만든다.'는 칙령 제41호를 대외에 공포했어요.

2. 독도의 위치는 어떤 점에서 군사적으로 중요한가요?
   독도는 지금도 주변국들과의 교통을 이어 주는 중요한 항로예요.

3. 독도 바다 밑에 가득 묻혀 있는 에너지 자원은 무엇인가요?
   하이드레이트

4. 독도를 세계적인 지질 유조지라고 말할 수 있는 까닭을 말해 보세요.
   독도는 바다 밑 지각 활동으로 솟구친 용암이 오랜 세월에 걸쳐 굳어지면서 생긴 화산성 해산이에요. 해저산이 수면 위로 봉우리를 드러낸 것은 극히 드문 경우라고 해요.

■ 참고 문헌

*〈국제 관계로 본 러일전쟁과 일본의 한국병합〉, 최문형, 지식산업사, 2004
*〈독도〉, 글 박인식·사진 김정명, 대원사, 1996
*〈독도 견문록〉, 주강현, 웅진지식하우스, 2008
*〈독도는 우리땅〉, 한국신문방송인클럽, 2005
*〈독도를 보는 한 눈금 차이〉, 영남대학교 민족문화연구소 편, 선, 2006
*〈독도 평전〉, 김탁환, 휴머니스트, 2001
*〈동해의 파수꾼 독도〉, 김우규, 시대문학, 1997
*〈땅이름 속에 숨은 우리 역사〉 1, 김기빈, 지식산업사, 2006
*〈바다 기담〉, 김지원 엮음, 청아출판사, 2009
*〈별난 전쟁, 특별한 작전〉, 조지프 커민스, 채인택 역, 플래닛미디어, 2009
*〈세계 명장 51인의 지혜와 전략〉, 여영무, 팔복원, 2004
*〈역사를 들썩인 전쟁 244장면〉, 드와이트 존 짐머만, 조종상 역, 현암사, 2011
*〈연합 함대 그 출범에서 침몰까지〉, 박재석·남창훈, 가람기획, 2005
*〈우리 할머니가 들려주는 재미있는 옛이야기 100가지〉, 민윤식 엮음, 자유문학사, 2005
*〈울릉도·독도〉, 양영훈, 넥세스Books, 2005
*〈이사부를 깨워 독도를 다시 보다〉, 최동열, 금강출판사, 2009
*〈일본은 죽어도 모르는 독도 이야기 88〉, 이예균·김성호, 예나루, 2005
*〈전쟁사 101장면〉, 정토웅, 가람기획, 1997
*〈정광태의 독도는 우리땅〉, 정광태, 영진닷컴, 2005
*〈제국의 바다 식민의 바다〉, 주강현, 웅진지식하우스, 2005
*〈한국과 일본, 왜곡과 콤플렉스의 역사〉 1, 한일관계사학회, 자작나무, 1998
*〈한국의 전설 기행〉, 천소영, 한국문원, 1997
*〈한국 해양 및 도서 신앙의 민속과 설화〉 문헌설화 편 1-2, 신종원 외, 재단법인 해상왕장보고기념사업회, 2006

진짜 진짜 공부돼요 시리즈

1. 법을 아는 어린이가 리더가 된다 김숙분 글 유남영 그림
   - ★ 초등학교 4학년 국어 교과서 수록도서
   - ★ 경기도 학교도서관 사서 협의회 추천
   - ★ 행복한 아침 독서 추천 도서
2. 생각을 키우는 탈무드 이야기 김숙분 엮음 유남영 그림
   - ★ 경기도 학교도서관 사서 협의회 추천
3. 뒷간귀신이 들려주는 신통방통한 똥의 비밀 신현배 글 이소영 그림
   - ★ 경기도 학교도서관 사서 협의회 추천
4. 경제를 배우는 14가지 돈의 비밀 신현배 글 이소영 그림
   - ★ 한국출판문화산업진흥원 우수 출판 콘텐츠 선정
   - ★ 행복한 아침 독서 선정
   - ★ 경기도학교도서관 사서 협의회 추천
   - ★ 2015 오픈키드 좋은어린이책 목록 추천도서
   - ★ 2015 대한민국 독서토론 논술대회 선정
5. 숲이 된 언어 김숙분 글 이상훈 그림
   - ★ 평화방송 & 평화신문 선정
   - ★ 행복한 아침독서 추천 도서
   - ★ 경기도 학교도서관 사서 협의회 추천
   - ★ 전국독서새물결모임 독서토론 · 논술대회 선정도서
6. 청계천 다리에 숨어 있는 500년 조선 이야기 김숙분 글 정림 그림
   - ★ 경기도 학교도서관 사서 협의회 추천
7. 숫자 요정들과 함께 하는 수학 왕 따라잡기 최재희 글 조창균 그림
8. 식물은 참 신기해! 심후섭 글 조창균 그림
9. 이솝우화로 배우는 속담과 사자성어 김숙분 엮음 유남영 그림
10. 사람들의 생명을 위협하는 전염병 이야기 신현배 글 이소영 그림
    - ★ 한국출판문화산업진흥원 우수 출판 콘텐츠 선정
    - ★ 고래가 숨 쉬는 도서관 신학기 추천도서
11. 고전으로 배우는 수수께끼 이야기 김숙분 엮음 강봉구 그림
12. 세계 역사를 바꾼 재난 이야기 신현배 글 이소영 그림
13. 상상이 현실이 되는 4차 산업혁명 백명식 글 · 그림
14. 발명왕들의 기발한 발명 이야기 백명식 글 · 그림
15. 정약용이 귀양지에서 아들에게 보낸 편지 김숙분 엮음 유남영 그림
16. 역사를 바꾼 별난 직업 이야기 신현배 글 이소영 그림
17. 우리 민속놀이 김이삭 동시 최봄 글 윤진희 그림
18. 묻고 답하면서 배우는 정의 수업 김숙분 글 이우일 그림
19. 어린이를 위한 우리 땅, 독도 이야기 신현배 글 홍정혜 그림
20. 우리 섬, 설화 탐험 김이삭 동시 최봄 동화 이정민 그림
21. 광복군 할아버지가 들려주는 태극기 이야기 신현배 글 지문 그림

일본은 독도를 자기네 땅이라고 우겨요. 교과서에 일본 영토로 표기하고, 한국 정부가 불법 점거하고 있다면서 억지 주장을 펼쳐요. 여러분은 독도에 대해 얼마나 알고 있나요? 독도가 우리 땅이라고 굳게 믿고 있지만, 왜 그런지 증거를 가지고 확실히 설명할 수 있나요? 강치 할아버지가 모든 걸 자세히 알려주신대요. 귀 기울이고 자세히 들어보아요.

값 11,500원
www.gamoonbee.com

ISBN: 978-89-6902-270-7
73900
9788969022707